UNIVERSITY OF NORTH CAROLINA AT CHAPEL HILL
DEPARTMENT OF ROMANCE LANGUAGES

NORTH CAROLINA STUDIES
IN THE ROMANCE LANGUAGES AND LITERATURES

Founder: URBAN TIGNER HOLMES

Distributed by:

UNIVERSITY OF NORTH CAROLINA PRESS
CHAPEL HILL
North Carolina 27514
U.S.A.

NORTH CAROLINA STUDIES IN THE
ROMANCE LANGUAGES AND LITERATURES

Number 191

LA ANATOMÍA DE *EL DIABLO COJUELO:*
DESLINDES DEL GÉNERO ANATOMÍSTICO

LA ANATOMÍA DE *EL DIABLO COJUELO:*
DESLINDES DEL GÉNERO ANATOMÍSTICO

POR

C. GEORGE PEALE

CHAPEL HILL

NORTH CAROLINA STUDIES IN THE ROMANCE
LANGUAGES AND LITERATURES
U.N.C. DEPARTMENT OF ROMANCE LANGUAGES
1977

Library of Congress Cataloging in Publication Data

Peale, C. George
   La anatomía de "El diablo cojuelo"
   (North Carolina studies in the Romance languages and literatures; no. 145)
   "Originalmente constituyó los capítulos centrales de tesis doctoral, 'Estructura y visión del mundo del Diablo Cojüelo' "

   Bibliography: p.
   1. Vélez de Guevara y Dueñas, Luis, 1579-1644.
El diablo cojuelo. I. Title. II. Series.
PQ6496.D53P4   1977   863'.3   77-9001
ISBN 0-8078-9191-6

I.S.B.N. 0-8078-9191-6

DEPÓSITO LEGAL: V. 2.225 - 1977   I.S.B.N. 84-399-6721-7
ARTES GRÁFICAS SOLER, S. A. - JÁVEA, 28 - VALENCIA (8) - 1977

"... mal año para Menipo en los dialogos de Luziano, te he de enseñar todo lo mas notable que a estas horas passa en esta Babilonia Española, que en confusion fue esotra con ella segunda deste nombre."

Luis Vélez de Guevara, *El Diablo Cojuelo*

ÍNDICE DE MATERIAS

	Pág.

Nota Preliminar 11

Planteamiento Introductorio. *El Diablo Cojuelo:* Un problema de Género 13

I. ESTRUCTURA Y FUENTES. EXPOSICIÓN ANATÓMICA Y ANATOMÍSTICA 37

    Tranco I. El Encuentro. 'Ciencia Media' Anatomística 44

    Trancos II y III. La Corte. Vicios y Ocupaciones 59

    Trancos IV y V. Las Ventas. Comedias y Potencias Mundiales. 64

    Tranco VI. Andalucía. Ciudades y Solares 72

    Trancos VII y VIII. Ostentación de Este Mundo y del Otro ... 78

    Trancos IX y X. Pléyade y Picardía Sevillanas 84

II. ORIENTACIÓN ORAL. EXPOSICIÓN MIXTA. 'NARRATIO' Y 'SERMOCINATIO' 89

    La Fase Narrativa. El Mundo Narrado 94

        Preparación de la Acción. Establecimiento de Contingencias Situacionales 94

        Avance y Retardación del Movimiento Narrativo 101

        Recapitulación y Verificación de la Acción 110

    La Fase Dialogal. El Mundo Comentado 120

Resumen y Conclusión 130

Bibliografía 134

NOTA PRELIMINAR

El presente estudio originalmente constituyó los capítulos centrales de mi tesis doctoral, "Estructura y visión del mundo del *Diablo Cojuelo:* Deslindes genéricos y específicos", presentada en la Universidad de California, Irvine, en el invierno de 1973. Quisiera dejar constancia de mi gratitud, honda y sincera, al profesorado del Departamento de Español y Portugués de aquella universidad, especialmente a los Profesores Juan Villegas, Julián Palley y William Truesdell; al Profesor Claudio Guillén, de la Universidad de California, San Diego; a los Profesores John S. Brushwood y Andrew P. Debicki, de la Universidad de Kansas, y al Profesor Joseph R. Jones, de la Universidad de Kentucky. También quedo muy agradecido por la asistencia suministrada por el Título IV del National Defense Education Act; a la Administración de la Graduate School de la Universidad de California, Irvine, cuya generosa Educational Opportunities Grant me facilitó la investigación de este proyecto; y al Graduate Faculty Research Fund y Endowment Association de la Universidad de Kansas por expedir la preparación del manuscrito final.

Lawrence, Kansas
julio 1973

Planteamiento Introductorio

EL DIABLO COJUELO: UN PROBLEMA DE GÉNERO

En toda cuestión de crítica literaria un indudable síntoma de confusión es la persistencia de doctrinas antagónicas que se refutan repetidamente, pero que no se abandonan. En un sistema aforístico cuyos fundamentos son consistentemente lógicos las teorías nuevas, si tienen validez, pondrán fuera de uso a las teorías precedentes. Por otro lado, en un campo donde los conceptos básicos no son precisos, los opuestos puntos de vista seguirán reclutando secuaces y la problemática quedará sin solución definitiva. La crítica española, como todos los campos de la estética, verifica esto en cada momento. Sobre los problemas planteados por el *Libro de Buen Amor,* la *Celestina, Lazarillo de Tormes* y el *Quijote,* para nombrar los casos más obvios, se han acumulado copiosas bibliotecas de escritos de toda laya —libros, monografías, ensayos, artículos, notas, glosas, impresiones, viñetas, etcétera—. Esta acumulación de saberes nos ha entregado un rico caudal de doctrinas, pero aun así, muchos de los problemas fundamentales presentados por aquellas obras todavía están por resolver. Además, la profusión de doctrinas frecuentemente oscurece las conexiones y coincidencias que existen entre ellas, lo que hace aun más difícil la tarea de dilucidar el texto en cuestión.

En *El Diablo Cojuelo* de Luis Vélez de Guevara presenciamos el mismo fenómeno en miniatura. La obra, que siempre ha gozado de una afectuosa popularidad, a primera vista parece engañosamente sencilla, y hace años que la crítica se ha complacido en señalar la genialidad de su trama, su técnica semi-picaresca, la visión que su autor compartía con el Bosco y Quevedo y la agudeza con que expresó esa visión. Pero en realidad se trata de una rica y compleja obra literaria que plantea problemas que aún piden análisis y síntesis críticos que esclarezcan la naturaleza de su forma significativa y de sus elementos constitutivos. Todavía hay confusión, o por lo menos vacilación, respecto al postulado de que últimamente parten todos los demás, esto es, la identificación de la totalidad estructural de la obra, o sea, su género. Los titubeos que este libro genial produce se pusieron de alto relieve cuando a un crítico reciente, mientras resumía las varias corrientes de la ficción narrativa española, se le ocurrió declarar, aparentemente por no poder más, que *El Diablo Cojuelo* y otras narraciones de su índole son "formas no definidas" debido a que "son de difícil clasificación".[1] En el presente estudio espero desprender esta perplejidad. Precisamente, a base de un análisis estructural me propongo definir la forma genérica de *El Diablo Cojuelo*, no para encasillar la obra, sino para facilitar nuestra comprensión de la misma: quiero decir, ubicar *El Diablo Cojuelo* en relación con los modelos que influyeron en Vélez de Guevara en el trance de la gestación de su relato. Entendido así, mi concepto de género comprenderá los rasgos esenciales y uniformes que llegan a ser 'normas' en las descripciones que la crítica hace posteriormente de los fenómenos característicos de un *corpus* de obras literarias.[2] De muchas maneras mi aproximación a la obra será archi-conservadora, en otras no tanto. Por una parte, es un retorno a los presupuestos de la retórica clásica y renacentista (me aprovecho libremente de los "fundamentos de una ciencia de la literatura" expuestos por Heinrich Lausberg), y contradice algunas nociones fundamentales que la crítica moderna da por sentadas. Por otra parte, reconozco la viabilidad de ciertos conceptos claves propuestos por investigadores actuales como Northrop Frye ("anatomía"), Susan K. Langer ("forma significativa") y Roman Jakobson (el signo lingüístico como icono, índice o símbolo). No obstante la diversidad ecléctica de estos presupuestos, creo que derivan en un factible sistema unitario con que

---

[1] Carlos A. Castro Alonso, *Didáctica de la literatura* (Madrid, Anaya, 1969), pág. 401.

[2] Véase Claudio Guillén, "Luis Sánchez, Ginés de Pasamonte y los inventores del género picaresco", *Homenaje a Rodríguez Moñino* (Madrid, Castalia, 1968), I, 226.

identificar la estructura genérica de *El Diablo Cojuelo* y comprender su naturaleza fenomenológica como forma significativa.

Desde hace mucho tiempo los historiadores, críticos y bibliógrafos de la literatura española han solido asentar sin más que *El Diablo Cojuelo* pertenece al género picaresco. Manuel Nercasseau y Morán, en 1915, fue el primero que negó esta opinión. Comparando la obra de Vélez con *Guzmán de Alfarache*, *La vida del Buscón* y *Gil Blas*, señaló cómo *El Diablo Cojuelo* difiere de raíz de la picaresca:

> En todas estas novelas, el 'pícaro' cuenta sus aventuras, traza su propia biografía: el autor no aparece; es una obra indirecta, en que el personaje que introduce habla por él. Todo el enredo estriba en la diversidad de empresas en que se ve comprometido el protagonista, y que da cuenta él mismo... Estos son el fondo y forma característicos de la novela picaresca: fondo, aventuras y sucesos de pícaros; forma invariable, relato autobiográfico. Nada de esto hay en Vélez de Guevara...
>
> Su origen debe buscarse en más alto ciclo, porque en algo participa de alegoría o visión extrahumana, tan comunes en las derivaciones de la 'Divina Comedia', y en parte se inclina originalmente a la invectiva, como en los 'Sueños' de Quevedo. La novela toda de Vélez de Guevara es una sátira cortés de la sociedad de su tiempo, felicísima en la mayor parte de sus cuadros, y no afeada por licencia y crudeza tan comunes en las novelas de la época.[3]

Relación autobiográfica de diversos episodios: la realización de la novela picaresca, según el comentarista chileno, depende completamente de su protagonista. Éste determina el sentido y forma de las narraciones que constituyen el género cuyo nombre deriva de su figura central, el pícaro.

Las perspicaces observaciones de Nercasseau no tuvieron aceptación sino hacia los años sesenta, cuando aparecían varias tentativas nuevas por precisar la naturleza de la novela pica-

---

[3] *Discursos leídos ante la Academia Chilena... el día 21 de noviembre de 1915* (Santiago de Chile, Imp. de San José, 1915), págs. 15-16.

resca.[4] Aunque los críticos recientes han ignorado al dicho conferenciante, ponen a contribución los métodos de la crítica e investigación nuevas para concordar, matizar y extender sus conclusiones. Como resultado, contamos hoy con criterios para la novela picaresca que comprenden el perfil singularísimo del pícaro y cómo éste determina la estructura y experiencia particular del mundo novelesco en que vive. Podrían resumirse en lo siguiente:

1) En cuanto a la forma, la novela picaresca es pseudoautobiografía. Aunque a veces ofrece notables semejanzas con los sucesos de la vida del autor, la forma autobiográfica es una técnica especial y sirve para dar mayor valor a los propósitos literarios de la obra. Pero el uso de la voz narradora en la primera persona es más que un patrón formal; quiere decir que no sólo el héroe y sus hazañas sean picarescas, sino que todo lo demás en el relato esté determinado por la perspectiva del pícaro-narrador. Por esto, el ingrediente más importante de esas novelas es su perspectiva picaresca, que es un recurso artístico que permite al protagonista-narrador contemplar el mundo desde un punto de vista negativo. Su perspectiva es singular, parcial y prejuzgada; no ofrece ninguna síntesis de la vida humana. Pero al mismo tiempo la visión del pícaro ante los motivos religiosos o morales es reflexiva, filosófica y crítica; pronuncia grandes conclusiones, lo cual introduce frecuentes discursos, ensayos o sermones. La picaresca tiende hacia la novela de tesis, o mejor de antítesis, porque muchas de ellas son paródicas.[5]

---

[4] Entre otros, Alberto del Monte, *Itinerario del romanzo picaresco spagnolo* (Firenze, Sansoni, 1957); Claudio Guillén, "Toward a Definition of the Picaresque", *ICLA*, III (1962), 252-266; Joseph Ricapito, "Toward a Definition of the Picaresque: A Study of the Evolution of the Genre together with a Critical and Annotated Bibliography...", tesis doctoral, UCLA, 1966; Stuart Miller, *The Picaresque Novel* (Cleveland, Case Western Reserve Univ., 1967); Francisco Rico, "Introducción" a *La novela picaresca española* (Barcelona, Planeta, 1967); del mismo, *La novela picaresca y el punto de vista* (Barcelona, Seix Barral, 1970); A. A. Parker, *Literature and the Delinquent: The Picaresque Novel in Spain and Europe, 1599-1753* (Edinburgh, 1967); Fernando Lázaro Carreter, "Para una revisión del concepto 'novela picaresca' ", *Actas del Tercer Congreso de la Asociación Internacional de Hispanistas* (México, El Colegio de México, 1970), págs. 27-45; reimpreso en Fernando Lázaro Carreter, *"Lazarillo de Tormes" en la picaresca* (Barcelona, Ariel, 1972), págs. 195-229.

[5] Para Miguel Herrero García la novela picaresca es un tipo híbrido de novela sermón cuya génesis ha de buscarse en el movimiento de reforma

2) El formato de la novela picaresca es libremente episódico, aparentemente sin otro elemento unificador que el protagonista mismo. Hay que notar, sin embargo, que después del *Lazarillo* otros procedimientos narrativos se infundieron en esta estructura básica para hacerla más hermética. Ella permite un sinfín de historias intercaladas; o puede tener una continuación, quedarse incompleta o terminarse con ambas alternativas, como ocurrió en *Guzmán de Alfarache*. Podría decirse que la novela picaresca es formalmente abierta e ideológicamente cerrada.[6] Esto no quiere decir, sin embargo, que la trama de estas novelas sea una mera sucesión de episodios sin rumbo. La trama picaresca se caracteriza por un definido desenvolvimiento; tiene un comienzo, un punto o puntos culminantes y un desenlace que corresponden al desarrollo de la personalidad del protagonista a medida que éste va enfrentándose a su medio novelesco.[7] En su odisea el pícaro se mueve horizontalmente en el espacio y verticalmente en la sociedad. Aunque no siempre es mozo de muchos amos, el pícaro observa un buen número de condiciones colectivas: clases sociales, profesiones, caracteres, ciudades y naciones. Esta galería de picardía, junto con los motivos de viaje y de aventura, conduce a la sátira y también a efectos cómicos.

3) El pícaro es un anti-héroe cuyos padres suelen ser tipos moralmente aborrecibles que frecuentemente ocupan el peldaño más bajo de la escala social y económica. Cuando muy joven, el pícaro se halla rodeado de deshonra y escasez, forzado a abandonar su ciudad natal. Es, sobre todo, huérfano. Este sabor precoz de soledad es la situación original de la que derivan las demás. Como no tiene padre ni madre, el futuro rufián se ve obligado a ganarse la vida en un ambiente para el cual no está preparado. Por dentro y por fuera el joven es al mismo tiempo

---

que sacudió a España después del Concilio de Trento. Véase su "Nueva interpretación de la novela picaresca", *RFE*, XXIV (1937), 343-362.

[6] Este fenómeno lo ha tratado con perspicacia Carlos Blanco Aguinaga en "Cervantes y la picaresca: Notas sobre dos tipos de realismo", *NRFH*, XI (1957), 313-342. Cf. Lázaro Carreter, "Construcción y sentido del *Lazarillo de Tormes*", ob. cit., págs. 84-88.

[7] Véanse las oportunas observaciones de Lázaro Carreter, ibíd., págs. 76-83; y de Rico, *La novela picaresca y el punto de vista*, págs. 15-29. Cf. Claudio Guillén, "La disposición temporal del *Lazarillo de Tormes*", *HR*, XXV (1957), 264-279.

herido y endurecido por la sacudida de la experiencia. Su herencia y su ambiente tienden a hacerlo un delicuente; a veces es ratero, pero nunca se hace criminal de profesión. Mientras muchos de sus delitos son motivados por el hambre y por la necesidad, a veces hurta por venganza o para ganar la atención y aprobación de los que él considera importantes. El pícaro no tiene ninguna profesión en particular y es incapaz de mantenerse atento en algún esfuerzo o propósito. Evita el trabajo o se emplea en tareas serviles, pero en general el pícaro desdeña la labor manual. El amor apenas tiene consecuencia en su vida, y generalmente es incapaz de profundas emociones. Encarna el resentimiento y la agresión, y sus acciones sirven como una defensa contra la hostil y cruel realidad. Desde luego, el autor ha tramado la narración de esa realidad para que todo conspire a hacer del pícaro un adversario, si no un enemigo activo. Por causa de la inferioridad que siente por razón de sus orígenes sociales, raciales y económicos, el pícaro hace todo lo posible por incorporarse a la sociedad, pero es constantemente rechazado por ella. En fin, querría mantenerse a distancia de la sociedad, pero no puede porque allende de ella no hay refugio, ni hay salvación material sin ella. No puede ni renunciar a sus prójimos ni juntarse con ellos: de ahí la ambivalencia de su situación y la riqueza de las variaciones novelescas que aquélla puede inspirar.

Las características de la novela picaresca que acabamos de resumir han sido recogidas en el citado *The Picaresque Novel* de Stuart Miller, quien ha analizado con tino y no sin originalidad la compenetración de la presentación del héroe picaresco y la estructura literaria en que 'vive'. Sus conclusiones merecen citarse:

> The hero of the picaresque novel differs from characters in other types of fiction. His origins are uncertain. He becomes a rogue in a world full of roguery. His roguery differs from comic roguery in being gratuitous. He cannot love or feel strong emotion; he is incapable of anchoring his personality to some idea or ideal of conduct. His internal chaos is externally reflected in his protean roles. This instability of personality is seen in the picaresque novel as a reflection of the outer chaos discovered by the plot patterns. The picaresque character is not merely a rogue, and his chaos of personality is greater than any purely moral chaos. It reflects a total

lack of structure in the world, not merely a lack of ethical or social structure.

The picaresque novel generally limits its point of view to the picaro. It may or may not be autobiographical; the essential thing is that the reader identifies himself with the protagonist and vicariously undergoes the shocks of his chaotic experience. When a reader is shocked and dazed he feels the characteristic emotional effect ot the picaresque novel—a temporary disorganization of feeling. The picaresque novel is typically written in an unorthodox irregular style in order to enhance its effect. When the picaro or other narrator comments on experience, the comments elucidate and elaborate the vision of universal disorder projected by the more dramatic aspects of the novel. Since that disorder is universal and continuing, it cannot be escaped except in death. Therefore, the picaresque novel has a more or less open ending. [8]

Ora insistimos, con Nercasseau, en el aspecto autobiográfico, ora comprendemos el género en términos más latos y admitimos, con Miller, novelas no autobiográficas si expresan la negativa visión del mundo y si logran evocar cierto efecto del lector, se ve que los elementos indispensables de la novela picaresca a fin de cuentas se reducen a dos: la soledad radical del protagonista cuando joven, de la cual se desenvuelve todo el relato; y su ambiguo y duradero enajenamiento de la sociedad, de la realidad o de los valores establecidos. [9] De modo que, si se descartasen aun las más externas consideraciones estructurales como el autobiografismo, es evidente que *El Diablo Cojuelo* no es una novela picaresca.

En primer lugar, ni Cleofás ni Asmodeo son pícaros. Mientras el pícaro es huérfano señero que se hace belitre para ganarse la vida en un mundo de ruindad, Cleofás es un estudiante comodín que libremente goza del estío de la juventud; sus divertidos delitos son más bien lances intelectuales de un adolescente que calaveradas donjuanescas. Lejos de ser huérfano, se jacta de su linaje, al que Vélez subraya al presentarlo por primera vez, bautizándole irónica y burlescamente con sonoros nombres y epítetos: "don

---

[8] Págs. 131-132.
[9] Guillén, "Toward a Definition...", pág. 262.

Cleofas Leandro Perez Zambullo, hidalgo a quatro vientos, Cauallero vracan y encrucijada de apellidos, galan de nouiciado y estudiante de profesion" (pág. 9). [10] Además, la problemática de Cleofás no es ganarse la vida en un mundo del que está extrañado, como el pícaro, sino lo contrario. Al comienzo de la obra comprendemos que Cleofás es un ente social, completamente incorporado en su mundo; si no fuese así, no se encontraría en su apretada situación, y no querría ni tendría que huir de las fuerzas vengativas de aquel mundo. El anhelo del pícaro es incorporarse a la sociedad, o por lo menos colocarse en una situación segura sin temor de más percances. Cleofás, al contrario, quiere escaparse de la sociedad.

Algo semejante a la de don Cleofás es la situación del personaje titular. A diferencia de los otros seres diabólicos, el comportamiento del Diablo Cojuelo no encarna ninguna malevolencia; es más bien un pillo que se complace en sus divertidas truhanerías. Otra semejanza con su joven compañero es el orgullo que el Cojuelo tiene de su genealogía y la manera en que el autor pone énfasis en ello. Primero introduce al estudiante mediante una enumeración elaborativa; Asmodeo, en cambio, se presenta y se caracteriza inicialmente a través de una enumeración acumulativa de sus atributos a la manera de un crescendo que culmina en su nombre:

> —"yo soy, señor Licenciado, que estoy en esta redoma adonde me tiene preso esse Astrologo que viue aì abajo, porque tambien tiene su punta de la magica negra y es mi Alcayde dos años aurà."—"¿Luego familiar eres?" dijo el Estudiante;—"harto me olgara yo—respondieron de la redoma—que entrara vno de la Santa Inquisicion, para que metiendole a el en otra de cal y canto me sacara a mi desta jaula de papagayos de piedra açufre. Pero tu has llegado a tiempo que me puedes rescatar, porque este a cuyos conjuros estoy asistiendo me tiene ocioso sin emplearme en nada, siendo yo el Espiritu mas trauiesso del infierno." Don Cleofas, espumando valor, prerrogatiua de estudiante de Alcala, le dixo:—"¿eres

---

[10] Todas las citas textuales de *El Diablo Cojuelo* se refieren a la reproducción de la edición príncipe de Madrid, 1641, hecha por Adolfo Bonilla y San Martín (Vigo, Krapf, 1902).

demonio pleueyo, v de los de nombre?";—"y de gran nombre—le repitiô el vidro endemoniado—y el mas celebrado en entrambos mundos";—"¿eres lucifer?", le repitiô don Cleofas;—"esse es demonio de dueñas y escuderos", le respondiô la voz.—"¿Eres satanas?", prosiguió el estudiante;—"esse es demonio de sastres y carniceros", voluio la voz a repetille;—"¿eres bercebu?", boluio a preguntalle don Cleofos; y la voz a respondelle: —"esse es demonio de taures, amancebados y carreteros."—"Eres Barrabas, Belial, Astarot?", finalmente le dixo el estudiante;—"essos son demonios de mayores ocupaciones; —le respondio la voz—demonio mas por menudo soy, aunque me meto en todo; yo soy las pulgas del infierno, la chisme, el enrredo, la vsura, la mohatra; yo truje al mundo la çarabanda, el deligo, la chacona, el bullicuzcuz, las cosquillas de la capona, el guiriguirigay, el çambapalo, la mariona, el auilipinti, el pollo, la carreteria, el hermano bartolo, el carcañal, el guineo, el colorin colorado; yo inuentè las pandorgas, las jacaras, las papalatas, los comos, las cortecinas, los titeres, los bolatines, los saltambancos, los maesse corales, y al fin, yo me llamo el Diablo Cojuelo."

(págs. 11-12)

Similar también es el hecho de que Asmodeo, lo mismo que don Cleofás, había estado incorporado en su sociedad, pero tuvo que huir de las fuerzas vengativas de esa sociedad por razón de la envidia de sus compatriotas diabólicos, de manera que el motivo vital tanto del Diablo Cojuelo como de Cleofás es el escape.

En fin, la diferencia entre la novela picaresca y *El Diablo Cojuelo* estriba en que sus protagonistas se conciben en distintos modos de ficción. En ambos casos se trata de un *pharmakos,* una víctima propiciatoria. *El Diablo Cojuelo,* en cuanto a su interés en la situación social y en los protagonistas que son perseguidos por la sociedad, es una sátira de costumbres, una *comedy of manners.* Como tal, se desenvuelve en el modo de ficción que Northrop Frye ha denominado la ironía cómica. A diferencia de la picaresca, no contiene ningún protagonista que, excluido del sistema social, quiera incorporarse en la sociedad. Por eso, no se trata de la ironía trágica.[11]

---

[11] Véase Frye, *Anatomy of Criticism: Four Essays* (New York, Atheneum, 1968), págs. 38-49.

La ironía trágica proviene de la baja tragedia mimética, o la tragedia doméstica, cuya nota característica es el patetismo. La idea matriz del patetismo en este tipo de tragedia es la exclusión del individuo de su comunidad. Su tradición central es el estudio del espíritu aislado, la historia de cómo un individuo con quien nosotros, como lectores, podemos identificarnos es destruido por el conflicto entre el mundo externo y el reino interior, entre la realidad establecida por el consenso social y la realidad imaginada. La ironía trágica, pues, es sencillamente el estudio del aislamiento trágico como tal. No hace falta que el protagonista tenga alguna *hamartia* trágica o alguna obsesión patética: es solamente un individuo que está aislado de su sociedad. Así, el principio central de la ironía trágica, y también de la novela picaresca, es que los sucesos que acaecen al protagonista sean inconsistentes con su carácter. La tragedia es inteligible porque se relaciona plausiblemente con la situación contingente; la ironía se aprovecha de la situación trágica y acentúa el sentimiento de arbitrariedad. Si hay justificación por la catástrofe que sobreviene al pícaro, será inadecuada y planteará más problemas de los que pretende resolver. El *pharmakos* picaresco ni es del todo inocente ni es completamente culpable. Es inocente en el sentido de que es miembro de una sociedad culpable, de que vive en un mundo en donde la injusticia es una inevitable realidad de la existencia. En cambio, como *pharmakoi,* el Diablo Cojo y don Cleofás son vistos por su medio social no sólo como delincuentes culpables, sino también como buen desquite. Esta insistencia en la venganza social contra el demonio y el estudiante tiende a hacer que éstos, por reprehensibles que sean, parezcan menos culpables, y la sociedad que los persigue, cuanto más injustificada. Además, los *pharmakoi* de *El Diablo Cojuelo* nos dejan con la impresión de que poseen valores morales de que carece su comunidad. En su huida de un despiadado segmento inferior de una sociedad ya degradada, el estudiante y su guía diabólica atraviesan varios estratos de la realidad de la época y descubren que esa realidad es tan despiadada y carente de sentido como lo son sus perseguidores. Cada vez que la relación de Asmodeo y don Cleofás es interrumpida para reintroducir a doña Tomasa de Bitigudiño o a Chispa y Redina y sus corchetes, se vuelve a insistir en el tema de la injusta venganza contra el individuo. La demanda contra los dos fugitivos se pone de relieve y parece cada vez más ridícula, y con ello, la acusación satírica contra la sociedad se hace más aguda. La superioridad moral de los *pharmakoi* frente al espectáculo que se les presenta en el curso de la narración se hace particularmente explícita en don Cleofás a la conclusión de la obra. Al volver a sus estudios de Alcalá, posee una nueva conciencia de su existencia. Está absolutamente desengañado de la sociedad y aun de las fuerzas diabólicas que operan en ella. Esa conciencia del "yo y mis circunstancias", por desengañada que sea, revela una valía intelectual y moral muy superior al caótico e ignorante mundo que sus andanzas con el Diablo Cojuelo le han enseñado.

La virtualidad especial de la ironía cómica produce la más obvia divergencia entre la novela picaresca y *El Diablo Cojuelo*. Como la novela picaresca generalmente es narrada por el pícaro en la primera persona, su visión es forzosamente muy parcial, lo cual produce el motivo del accidente y de la caída trágica y, para nosotros, irónica. La perspectiva de *El Diablo Cojuelo* es básicamente omnisciente. Su condición de fugitivo permite a los *pharmakoi* salir del "puchero humano" de aquella sociedad y asumir una postura valorativa desde la cual contemplan el mundo por dentro y por fuera. En ocasiones Asmodeo y Cleofás descienden a participar en la acción, pero como su punto de vista es siempre moralmente, y en algunos momentos literalmente superior, están seguros de los desenlaces cómicos con que se rematan las escenas. Así se comprende de otra manera cómo la visión de *El Diablo Cojuelo* es cómica e irónica.[12]

En conclusión, repito que, bajo las obvias diferencias de estructura externa, hay entre *El Diablo Cojuelo* y la novela picaresca disconformidades fundamentales. Corresponden a distintos modos de ficción, lo que es manifiesto en la concepción y realización de sendos protagonistas, o *pharmakoi*. En la picaresca el *pharmakos* se realiza en el modo de la ironía trágica, mientras que en *El Diablo Cojuelo* el modo es irónico cómico.

El Diablo Cojuelo no es novela picaresca. Pero, ¿es siquiera novela?

---

[12] Cf. Paul Goodman, "Comic Plots", *The Structure of Literature* (Chicago, Univ of Chicago, 1954), págs. 80-126.

Poco después de la ponencia de Nercasseau y Morán, Emilio Cotarelo, sin conocer el artículo del chileno, apoyó los asertos de aquél y agregó, no sin toques de prejuicio desdeñoso: "de novela en el sentido moderno tiene poco, pues carece de acción verdadera y seguida y los personajes no cambian su posición psicológica ni se enlazan íntimamente con los sucesos que se describen. Es como una revista que pasa velozmente al través de las ridiculeces humanas por el estilo de los *Sueños* y *La hora de todos*, de Quevedo, a quien visiblemente imita Luis Vélez, pero con menos ingenio y fortuna".[13] Dos editores de *El Diablo Cojuelo*, Enrique R. Cepeda y Enrique Rull, también han percibido la obra como distinta de las ordinarias corrientes novelísticas. "La novela —dicen— sin verdadera unidad novelesca, descansa sobre los diversos planos que la forman, y que tomados de aquí y de allá, dan en una nueva estructura amorfa y exterior del género descriptivo al uso, pero intencionada".[14] No conciben la obra como una narración propiamente dicha, "sino como una 'visión', en donde importa menos el sentido épico, la acción externa, que la pintura intencionada y situacional" (pág. 45). Para ellos, se trata de "un juego de vistas y perspectivas y su intención es valorar con la ética del esperpento" (pág. 29). Su tesis de que *El Diablo Cojuelo* es un esperpento es en extremo sugerente y les ha permitido explicar algunas facetas de la obra que hasta entonces habían sido mal entendidas o desconocidas. Pero cualquier teoría, especialmente una que pretende explicar el conjunto de la obra literaria bajo alguna rúbrica genérica, en este caso la del esperpentismo, tiene que postularse teniendo en cuenta el complejo de fenómenos con respecto a la génesis y persistencia de las características necesarias, las relaciones con semejantes fenómenos y, hasta cierto punto, la sensibilidad que subsiste bajo aquellos fenómenos. El esperpento se refiere a la plasmación de una visión particularmente moderna y hay que verlo en dos dimensiones. Por una parte corresponde a una ética y estética explicitadas por Ramón del Valle-Inclán. Ética y estética, por otra, que se manifiestan en ciertos rasgos y elementos técnicos. Obviamente, entonces, lo único que puede haber en Vélez de

---

[13] "L. V. de G. y sus obras dramáticas", *BRAE*, IV (1917), 164.
[14] *El Diablo Cojuelo* (Madrid, Alcalá, 1968), pág. 14.

Guevara de esperpéntico son algunos matices externos que coinciden con los de Valle-Inclán, y resulta ocioso querer entroncar *El Diablo Cojuelo* con un esperpentismo innato en la literatura española desde el *Libro de Buen Amor* hasta *Luces de Bohemia,* porque el tal no existe. Desde luego, es innegable que existe una vena grotesca que corre a lo largo de la literatura española, pero no se puede decir que esa vena sea informante de estructura hasta el siglo XX.[15] Aun si lograse a serlo antes, el término todavía

---

[15] Me refiero aquí solamente a la literatura. Que lo grotesco se manifestó como estructura en otros medios artísticos en España antes de 1900 no cabe duda: *Los caprichos* de Goya, por ejemplo. Pero en la literatura lo grotesco no llegaría a plasmarse estructuralmente por cien años; hasta entonces era más bien ornamental, o servía para la caricatura.

Conviene aclarar esto. Comprendo por 'estructura' la disposición de los materiales por el autor de tal manera que constituyen una "forma significativa" (véase Suzanne K. Langer, *Feeling and Form* [New York, Charles Scribner's Sons, 1953], passim). Los 'materiales' son todos los elementos que en sí son estéticamente neutros (René Wellek y Austin Warren, *Teoría literaria,* cuarta ed. [Madrid, Gredos, 1966], pág. 167). Lo grotesco, término con que se entiende básicamente la idea de distorsión o exageración humorística (T. T. Wildridge, *The Grotesque in Church Art* [1899; reimpresión Detroit, Gale Research, 1969], pág. 5), es expresión de extrañamiento y enajenación. Es sintomático de los períodos cuando la creeencia del hombre en el perfecto y protector orden natural es debilitada o destruida. Ante todo lo grotesco es un juego con lo absurdo; representa un mundo absurdo e incomprensible mediante la sorpresa, la confusión, lo monstruoso, lo siniestro y lo macabro (véase Wolfgang Kayser, *The Grotesque in Art and Literature* [New York, McGraw-Hill, 1966], págs. 13-47, 179-189).

Sentado esto, comprendemos cómo lo grotesco antes de la centuria pasada es solamente ornamental o caricaturesco, y no estructural. Los cuadros de Jerónimo Bosco, por ejemplo, se consideran como archi-grotescos. No cabe duda de que sus famosísimos trípticos, *El jardín de las delicias, Las tentaciones de San Antonio* y *El juicio final,* sintetizan todo eso que señalé como característico de lo grotesco. Pero la estructura de esos cuadros no es grotesca. Al contrario, la disposición estructural se ha realizado racionalmente según sutiles relaciones jerárquicas y geométricas, y las figuras que la guarnecen son o caricaturas de tipos humanos o son conceptualización de nociones abstractas que adornan el escenario. Ejemplos literarios no son menos fáciles de citar: la cuarta serrana que asechó al Arcipreste de Hita; los personajes que don Quijote encontró en la cueva de Montesinos; los desfiles de tipos en *Los sueños* de Quevedo. También fáciles de encontrar son ejemplos de lo grotesco ornamental: el almuerzo de Guzmán de Alfarache, I, i, 3; el lago del pez del *Quijote,* I, 52; el encuentro con la viuda en el descanso X de la primera relación de *Marcos de Obregón.* Lo grotesco desde luego juega un papel importante en *El Diablo Cojuelo,* pero su propósito es racional, lo cual se patentiza intrínsicamente en la estructura. El elemento grotesco es solamente material; funciona externamente en la caricaturización de los personajes y en la ambientación del espacio.

carecería de valor críticamente interpretativo porque, como ha demostrado la historia del arte, en cada época los mismos símbolos cobran nuevo significado y valor afectivo, hecho que es una muestra certera de la continuada sucesión de la mudanza de sensibilidad que desdora toda afirmación de un "esperpentismo eterno" en la literatura española.[16] El texto literario es siempre formado de muy varias materias, se funda en un pretexto, existe en un contexto en conexión con un circumtexto.[17] El análisis de Cepeda y Rull sólo en parte tiene en cuenta tales consideraciones diacrónicas. Su enfoque sincrónico, mientras supera a la mayoría de las aportaciones a este asunto, tampoco es plenamente satisfactorio porque, preocupados con la noción de que *El Diablo Cojuelo* es esperpento, no exploran las ramificaciones de su proposición inicial acerca de la estructuración de los diversos planos que forman el conjunto de la obra. Con todo, los dos editores han advertido, correctamente, que el interés de *El Diablo Cojuelo* ya no recae en el enredo ni en los personajes que lo viven. Trátase, en fin, de una "novela desnovelizada".[18] Pero si ni es propiamente novela, ¿qué es?

La problemática de deslindar entre novela y *El Diablo Cojuelo* es una compleja y difícil cuestión epistemológica que admite varias aproximaciones. Se verá que los criterios que Cotarelo aplica a *El Diablo Cojuelo* son muy del siglo diecinueve y demasiado

---

[16] El problema de la generalización para interpretar el pasado fue expuesto por el Círculo Lingüístico de Praga en sus *Tesis de 1929:* "El investigador debe evitar el egocentrismo, es decir, el análisis y la evaluación de hechos poéticos del pasado o de otros pueblos desde el punto de vista de sus propios hábitos poéticos y de sus normas artísticas, que constituyen la base de su formación. Además, un hecho artístico del pasado puede subsistir o resurgir como factor activo en otro medio, volverse parte integrante de un nuevo sistema de valores artísticos, pero, naturalmente, al mismo tiempo cambia su función y el hecho mismo sufre modificaciones adecuadas. La historia de la poesía no debe proyectar en el pasado este hecho con su aspecto transformado, sino que debe restaurarlo en su función originaria, en el marco del sistema en cuyo seno había nacido. Para cada época es precisa una clara clasificación inmanente de las funciones poéticas especiales, es decir, una reconstrucción de los géneros poéticos" (*Comunicación*, Serie B, 9 [Madrid, Alberto Corazón, 1970], pág. 42).

[17] Américo Castro, *Cervantes y los casticismos españoles* (Madrid-Barcelona, Alfaguara, 1966), pág. 164.

[18] José F. Montesinos, "Gracián o la picaresca pura", *Ensayos y estudios de literatura española* (México, Andrea, 1959), pág. 132.

estrechos para explicar lo que no sean las novelas más inmediatas a su momento. Las soluciones que se ofrecen como panacea y definen la novela como "referencia de acción ausente en el espacio y pretérita en el tiempo", [19] o como una obra de ficción de cierta extensión, escrita en prosa, que relata una historia dispuesta en una secuencia temporal [20] son demasiado imprecisas y no conducen a ninguna comprensión que sea críticamente factible. La crítica reciente enfoca la novela desde dos direcciones; la define según criterios o estructurales o ideológicos, sin que nadie quiera implicar que estructura e ideología sean separables. De los que definen la novela según su estructura es representativo Wolfgang Kayser, para quien la novela moderna se caracteriza por tres rasgos distintivos, que son: "la aparición de un narrador completamente personal, el cual interviene como mediador y cuya actividad presenta aspectos multilaterales; la posición de lo narrado en el cruce de varias perspectivas, de modo que el lenguaje alcanza de este modo una peculiar profundidad; la integración del lector que ha de estar presente con su atención para poder captar y penetrar en ese estrato profundo, de modo que a pesar de todas las sorpresas que se permite con él el narrador subsiste entre ambos, mediante la creencia en la 'naturaleza', una comunidad que se manifiesta en la interpretación y valoración comprensiva".[21] Este punto de vista se relacionaría con el de Ian Watt y de otros que subrayan la importancia del realismo, concepto fundado en Descartes y en Locke, en la evolución de la novela moderna.[22] De los que tratan la novela en términos ideológicos Lucien Goldmann es quizá el más representativo. Partiendo de Georg Lukacs y René Girard, Goldmann define la novela como la historia de una búsqueda de valores auténticos en un mundo degradado, degradación que, en lo que concierne al héroe, se manifiesta principalmente en la mediatización, la reducción

---

[19] Alfonso Reyes, *Apuntes para la teoría literaria* en *Obras completas* (México, Fondo de Cultura Económica, 1963), XV, 472-473.
[20] E. M. Forster, *Aspects of the Novel* (New York: Harcourt, Brace & World, 1954), págs. 6 y 30.
[21] "Origen y crisis de la novela moderna", *Cultura Universitaria*, XLVII (Caracas, enero-febrero 1955), 22.
[22] Watt, *The Rise of the Novel* (Berkeley-Los Angeles, Univ. of California, 1967), cap. I.

de los valores auténticos al nivel implícito y la desaparición de ellos en cuanto realidades manifiestas. La novela, dice Goldmann, es necesariamente una biografía y crónica social, la transposición al plano literario de la vida cotidiana en la sociedad individualista nacida de la producción para el mercado. Existe una homología rigurosa entre la forma de la novela y la relación cotidiana del hombre con los bienes en general, y por extensión, del hombre con otros hombres en una sociedad que produce ante todo para el mercado.[23] Por mi parte, creo que si miramos la novela eclécticamente, teniendo igualmente en cuenta las dos perspectivas, lograremos una idea bien cabal de lo que es una novela. Siempre con miras a esta doble concepción, considero que *El Diablo Cojuelo* no es propiamente una novela sino que pertenece a otro género de la ficción en prosa. Por un lado, la dinámica de la relación narrador-lector advertida por Kayser no se exhibe en el libro de Vélez. El funcionamiento del narrador y del punto de vista es muy estable y consistente; no presenta aspectos multilaterales, y la interpretación y valoración comprensiva no dependen de la comunidad del narrador y el lector tanto como dependen de la que existe entre el narrador y sus protagonistas. Por otra parte, el aspecto biográfico de la novela en que se ha fijado Goldmann no tiene consecuencia en *El Diablo Cojuelo*. No hay ninguna relación entre Asmodeo y Cleofás y su mundo excepto una actitud aprehensiva e intelectual asumida por ellos hacia su medio ambiente. Su perspectiva desde fuera —he aquí otra consecuencia del que la obra se desenvuelve en el modo de la ironía cómica— les permite comentar el mundo sin tener que tomar decisiones que les comprometan y definan su carácter como personaje.[24] Si *El Diablo Cojuelo* no es novela, entonces, resta determinar cuál es el género al que el libro exhibe más correspondencia.

Desde un principio, diría que las posiciones que acabamos de ver parcialmente elucidan *El Diablo Cojuelo*, pero ninguna ha logrado explicar el conjunto de un modo satisfactorio. Hay en la obra algún picarismo, pero sería equivocado decir que la totalidad sea picaresca. Hay asimismo una predominante visión grotesca

---

[23] *Pour une sociologie du roman* (París, Gallimard, 1964), cap. I.
[24] Véase Paul Goodman, "Novelistic Plots", ob. cit., págs. 127-183.

que reduce la importancia de la historia, pero tampoco cabe decir que la obra es esperpento. Cualquier tesis nueva que se proponga esclarecer la naturaleza genérica de *El Diablo Cojuelo* tendrá que presentarse considerando estas interpretaciones, mas para traspasar los límites de éstas ha de enfocar el problema desde dos puntos de vista: uno intrínseco, que considera el complejo de fenómenos con respecto a las características necesarias para relacionarlas con la estructura distintiva del género que se propone; y otro extrínseco, que comprende el complejo de fenómenos con respecto a la génesis, la persistencia, las relaciones con otros fenómenos de la misma índole y, en menor grado, la sensibilidad que subsiste bajo aquellos fenómenos. El género con que me propongo relacionar *El Diablo Cojuelo* es producto de una clasificación hecha a posteriori a base de la contemplación y ordenación críticas de las obras del pasado con arreglo a criterios que hoy resultan válidos o provechosos. Discierno el concepto de género solamente desde la perspectiva temporal; hay otras —la que distingue a priori entre las clases 'oficiales' designadas por las poéticas de cierto período y las demás clases que componen el repertorio genérico de dicho período; la que define una serie de normas, de abstracciones, procedentes de una reducción *ad unum*—,[25] mas parto de este punto de vista porque con la mayor claridad pone de relieve las características genéricas, tanto estructurales como históricas, de *El Diablo Cojuelo*. Siempre recordando estos criterios metodológicos, espero demostrar que la estructura de *El Diablo Cojuelo* ni es nueva ni amorfa, sino que está compuesta según y conforme a convenciones formalizadas por una antigua tradición que se cristalizó definitivamente en los diálogos de Luciano, la tradición de la sátira menipea.[26]

En los diálogos de Luciano renació la antigua sátira de Menipo (siglo III a. de J. C.) y se combinó con la observación de costum-

---

[25] Guillén, "Luis Sánchez...", págs. 226-227.
[26] Para una excelente discusión de esta tradición véase Marcelino Menéndez Pelayo, *Orígenes de la novela*, ed. nac. (Madrid, C.S.I.C., 1962), I, 12-14, la cual resumo aquí. Véase también J. Wight Duff, *Roman Satire* (1936; reimpresión Hamden, Conn., Archon Books, 1964), págs. 84-105, quien dedica un capítulo entero a la sátira menipea romana. Aunque Duff comprende la sátira menipea en términos mucho más estrechos que yo, su discusión es muy útil para conocer esta tradición en la literatura romana.

bres y caracteres practicada por Teofrasto y otros peripatéticos. Hay en Luciano invenciones cómicas, historias de maravillas y encantamientos, relaciones heroicas, cuadros de la mala vida de las meretrices y de los parásitos, sátiras generales de la vida humana y sátiras personales en forma biográfica. No menos que la variedad y riqueza de los argumentos pasma en Luciano la fecundidad de recursos artísticos con que sazona y realza sus invenciones: sueños, viajes al cielo y a los infiernos, diálogos de muertos, de dioses y de monstruos marinos, epístolas saturnales, descripciones de convites, de fiestas y regocijos, de audiencias judiciales de subastas públicas de cuadros, de estatuas, de termas regaladas, de sacrificios e iniciaciones, de toda la vida pública y privada, religiosa y doméstica del mundo greco-oriental en aquel tiempo. Sus cualidades le destinaban a ser uno de los grandes maestros y educadores del espíritu satírico y del arte literario moderno. En él buscó sus armas toda la literatura polémica del Renacimiento, y no las desdeñó la filosofía del siglo XVIII. Tan abigarrado y extraño resulta el catálogo de los imitadores de Luciano como es abigarrada su doctrina y vario el objeto de sus burlas y el tono de sus obras. El *Elogio de la Locura* y los *Coloquios* de Erasmo y Pontano; el *Mercurio y Carón* de Alfonso de Valdés; el *Crotalón* del pseudónimo Cristophoro Gnosopho, y el *Cymbalum mundi* de Buenaventura Desperiers; alguna parte de Rabelais; el *Coloquio de los perros* y *El Licenciado Vidriera* de Cervantes; *Los sueños* de Quevedo; los *Diálogos de los muertos* de Fénelón y Fontenelle; *Los viajes de Gulliver;* muchos diálogos de Voltaire y algunos de sus cuentos, como *Micromegas* y el *Sueño de Platón;* el *Sobrino de Rameau* de Diderot; no pocos escritos de Wieland; las sátiras políticas de Courier; etc., etc. Todas éstas y otras producciones son obras en que más o menos se refleja la inspiración de Luciano, o por involuntaria reminiscencia, o por imitación deliberada, o por mera analogía del cuadro estético, o por semejanza de temperamento en los autores; influencia no siempre pura, sino mezclada con muchas otras, y en algunas ocasiones oscurecida y casi anulada por el ingenio del imitador. No importa que alguno de ellos no conociera directamente los textos de Luciano o que no se acordase de él al momento de escribir. Lo que no se veía en el mismo Luciano se aprendía con creces en sus discípulos, que han constituido una legión formidable.

Parece mentira que aún no se haya estudiado *El Diablo Cojuelo* bajo esta luz, especialmente en vista de que el mismo Vélez de Guevara advierte su deuda con Luciano.[27] La razón de esta omisión es fácil de señalar: nuestra comprensión de la ficción en general está dominada por la novela, de manera que la mayor dificultad que hemos de resolver es enfrentar la obra según sus propias premisas, lo cual quiere decir, leerla de un modo distinto del que usamos al leer novelas. Es precisamente por razón de esta orientación novelística que la gran diversidad enumerativa y "libertad formal"[28] de *El Diablo Cojuelo* se han resistido a ser interpretadas cabalmente. Los comentaristas suelen fijar su interés en los momentos felices de la obra en donde Vélez soltó su imaginación creadora mientras pasan por alto esos largos pasajes enumerativos en que hizo desfilar los trenes de nobles y gente ilustre de la Corte, esos "fragmentos que molestan como borrones".[29] Típica de esta actitud es la aseveración de Francisco Rodríguez Marín, para quien *El Diablo Cojuelo*, "sin ser maravilla, es de agradable lectura, y más lo fuera sin la pesada y adulatoria enumeración de todo aquel inacabable señorío que el autor, en el Tranco VIII, hace pasar por el espejo de Rufina María, dispuesta *ad hoc* por el redomado desenredomado".[30] Pero no es lícito enjuiciar el mérito de una obra literaria recalcando unas partes y suprimiendo otras solamente porque no agraden a nuestros gustos modernos. Es el deber del crítico estudiar la obra completa, exactamente en la forma legada por su autor. Para cumplir este deber y enfrentarnos a la totalidad del complejo estructural de *El Diablo Cojuelo*, creo que las ideas expuestas por Northrop Frye en su *Anatomy of Criticism* son muy útiles. Frye distingue entre

---

[27] Francisco Rico advirtió la deuda de Vélez con Luciano, pero su observación de este hecho no pasa de ser una breve nota bibliográfica. Hasta el momento nadie ha estudiado la virtualidad genérica de la influencia lucianesca en *El Diablo Cojuelo*. Véase *Lazarillo de Tormes-El Diablo Cojuelo*, ed. Inmaculada Ferrer, prólogo de Francisco Rico (Madrid, Salvat-Alianza, 1970), pág. 16.

[28] Ángel Valbuena Prat, *La novela picaresca española*, tercera ed. (Madrid, Aguilar, 1956), pág. 73.

[29] Juan Luis Alborg, *Historia de la literatura española* (Madrid, Gredos, 1967), II, 395.

[30] *El Diablo Cojuelo*, Clásicos Castellanos, 38 (Madrid, Espasa-Calpe, 1960), pág. xxvi.

romance (ing.), novela, confesión y sátira menipea, o anatomía, en conformidad con la ejemplar *Anatomy of Melancholy* de Robert Burton. Sus discriminaciones son una aportación en extremo significativa. Especialmente provechoso para estudiar *El Diablo Cojuelo* es su tratamiento de la anatomía. Esta clase de la ficción

> deals less with people as such than with mental attitudes. Pedants, bigots, cranks, parvenus, virtuosi, enthusiasts, rapacious and incompetent professional men of all kinds, are handled in terms of their occupational approach to life as distinct from their social behaviour. The Menippean satire [la anatomía] thus resembles the confession in its ability to handle abstract ideas and theories and differs from the novel in its characterization, which is stylized rather than naturalistic, and presents people as mouthpieces of the ideas they represent... It differs from the romance,... as it is not primarily concerned with the exploits of heroes, but relies on the free play of intellectual fancy and the kind of humorous observation that produces caricature... At its most concentrated the Menippean satire presents us with a vision of the world in terms of a single intellectual pattern. The intellectual structure built up from the story makes for violent dislocations in the customary logic of narrative, though the appearance of carelessness that results reflects on the carelessness of the reader or his tendency to judge by a novelcentered conception of fiction. [31]

Si aceptamos esta descripción, el desagrado común que suele producir la lectura del *Diablo Cojuelo* llega a parecer impertinente. Por su naturaleza la anatomía no puede satisfacer las expectativas que tenemos, a veces irreflexivamente, de la novela, expectativas que provienen de la herencia del romanticismo de la centuria pasada, con su énfasis en la conciencia individual, en el análisis psicológico y en el escrutinio de las relaciones íntimas. Una vez libres de estas trabas, podemos considerar *El Diablo Cojuelo* en virtud de las convenciones que su autor quiso acomodar y en el contexto de su propio género.

Dos palabras clarificadoras antes de proseguir en adelante. Con toda razón los críticos han censurado a Frye por su aban-

---

[31] Págs. 309-310.

dono algo embarazoso del término "sátira menipea" en favor de "anatomía", y cuando así denominamos a *El Diablo Cojuelo* sus tachas estarían cuanto más justificadas en vista de que el mismo Vélez admite la influencia directa de Luciano, el satírico menipeo por excelencia. No obstante ello, me atengo al término anatomía porque con él se comprende específicamente un género que está determinado en consecuencia de una estructura particular y de la función ontológica del lenguaje que reviste esa estructura.[32] *Sátira menipea* da a entender primero una actitud especial y, segundo, una relación genético-histórica manifestadas en ciertos rasgos y elementos técnicos. En cambio, mi comprensión de la anatomía no se refiere en principio ni a actitud, ni a visión del mundo, ni a específicos recursos técnicos, sino a la estructura que está determinada por la relación entre el autor y el lector a través del texto, y también al funcionamiento del lenguaje dentro de esa estructura y situación comunicativa. Así, a mi juicio, *El Diablo Cojuelo* es por su actitud y por la presencia de ciertos procedimientos técnicos una sátira menipea, pero pertenece al género anatomístico, el cual incluiría obras tan divergentes en gusto y estilo como la *Philosophia Antigua Poetica* del Pinciano, los *Diálogos familiares de la Agricultura Cristiana* de Juan de Pineda, las relaciones del mundo hampesco como la *Relación de la cárcel de Sevilla* de García Chaves y casi toda la literatura visionaria escrita en imitación de *Los sueños* de Quevedo.

Para comprobar que *El Diablo Cojuelo* no pertenece al género novelístico, sino al anatomístico, mi exposición consistirá en una serie de diferenciaciones entre la anatomía y la novela que destacarán las causas formales y eficientes de la estructura y del lenguaje de cada género. En realidad estas diferenciaciones servirán sólo como un punto de partida para señalar los rasgos distintivos de la anatomía; particularizaré sobre ésta sin insistir mucho

---

[32] Me refiero a la "función ontológica del lenguaje" pensando en la exposición de Karl Bühler en su *Teoría del lenguaje*, tr. Julián Marías (Madrid, Revista de Occidente, 1968), y también en la serie de discernimientos de las varias funciones de la lengua hechos por el Círculo Lingüístico de Praga en el artículo 3a de las *Tesis de 1929:* lenguaje interno-lenguaje externo, lenguaje intelectual-lenguaje emocional, función comunicativa-función poética, lenguaje práctico-lenguaje teórico, manifestación oral-manifestación escrita, lenguaje alternativo con interrupciones-lenguaje monologado continuo, etc. (ob. cit., págs. 30-33).

en la otra porque ya se ha escrito tanto con provecho sobre la novela que holgaría repetir aquí a los exponentes de aquel género. Además, el método negativo, esto es, el que se preocupa de lo que no es una obra, raramente produce buenos resultados; siempre es preferible aproximarnos positivamente al fenómeno literario para comprenderlo *sui generis*, en términos de sus propios presupuestos.

Decía arriba que nuestra comprensión de la ficción narrativa está condicionada por la novela y que si vamos a entender las obras anatomísticas, como ésta de Vélez de Guevara, tendremos que leerlas de un modo que es distinto del que usamos cuando leemos novelas. Es imprescindible que reajustemos nuestra perspectiva crítica; si no, será imposible enjuiciar cabalmente esta clase de literatura, porque muchos de los métodos analíticos que se han derivado de la novela fallan cuando se aplican a la anatomía. Esta no sólo requiere sus propios criterios, sino que subvierte la supuesta universalidad de varios conceptos críticos convencionales. Por ejemplo, en la anatomía son nulas la idea de forma orgánica y unificada y la premisa de que la obra ha de contener en cada elemento constitutivo la razón por la cual es así y no de otro modo. Rehunde así el precepto fundamental de la estética que define la belleza como la armonía de todas las partes, sea cual sea la situación en que aparecen, ensambladas con tal proporción y relación, que no cabe añadir, ni disminuir ni alterar nada. El crítico que atiende a la novela en términos de la tensión y resolución de temas también se verá frustrado por la anatomía, que gusta de explotar la tensión, pero es algo reacia a resolverla.

¿Por dónde aproximarnos a esta clase de literatura, entonces, si las normales vías analíticas están cerradas, o si son totalmente inexistentes?

Se ha propuesto que la unidad básica de la poesía es la palabra y la unidad de la novela, el suceso.[33] Por extensión podría decirse que la unidad fundamental de la anatomía es la idea, la pseudo-idea, la postura intelectual, la actitud, el estado de ánimo, la réplica, en fin, esos acontecimientos más bien mentales que no físicos que representan la confrontación de la expe-

---

[33] Marvin Mudrick, "Character and Event in Fiction", *Yale Review*, I (1960), 202-218.

riencia y la sensible y sistemática, pero siempre falible razón. Por consiguiente, nuestros juicios del valor de la obra anatomística dependerán de nuestra capacidad de verla como una armazón de ideas y actitudes, algunas de las cuales parecerán manifiestamente ridículas, que en conjunto constituirán una visión del mundo. Nuestra tarea ante *El Diablo Cojuelo,* como ante toda anatomía, es, entonces, descubrir cuáles son las ideas y actitudes que lo arman, y cómo ellas están expuestas.

I

ESTRUCTURA Y FUENTES. EXPOSICIÓN ANATÓMICA Y ANATOMÍSTICA

La constitución de *El Diablo Cojuelo* como obra de arte literaria y como expresión de visión del mundo es problemática, y como hemos visto, ha sido interpretada de varias maneras —generalmente en términos de la picaresca, y últimamente como esperpento—. Por mi parte, veo la obra como una serie de enumeraciones con las cuales se presenta una multiplicidad de sectores espaciales y sociales, tanto empíricos como novelescos, mediante el accidentado viaje que el Diablo Cojuelo y su compañero, don Cleofás Leandro Pérez Zambullo, hacen de Madrid a Sevilla. Al desenvolver su historia Vélez hilvana una miscelánea de tópicos, motivos y situaciones comunes, dotándola de su propio artificio para crear una obra verdaderamente genial. Tan conocida es su proposición que casi huelga repetir el gracioso argumento que la desenvuelve. Reducido a lo esencial, se trata sencillamente de un viaje —Madrid, Toledo, Sierra Morena, Córdoba, Écija, Carmona, Sevilla—, motivo arquetípico y recurso fundamental empleado por Vélez para recorrer en breve espacio todos los estratos de la realidad española en aquella época. Valiéndose principalmente del tropo enumerativo, hace desfilar ante nosotros una galería de tipos y caracteres representativos, cada uno ocupado en su quehacer más característico: los juegos perversos de la plebe madrileña, las preparaciones extravagantes de los bragados cortesanos, el paseo de la aristocracia por la Calle Mayor; en Sevilla, una academia de literatos burgueses y la reunión de un gremio hampesco; un juego de esgrima en

Córdoba; el ensayo de una comedia en Sierra Morena; los espaciosos y tranquilos campos de Andalucía, y las bulliciosas y laberínticas calles de Madrid y Sevilla; la procesión alegórica de la casa de la Fortuna, y encuentros con diversos tipos tomados de la vida cotidiana: alguaciles, venteros, viajeros, soldados, comediantes, etc. De esta manera se nos ofrece un resumen enciclopédico y vivencial de la España doméstica que cobra dimensiones cósmicas al involucrar asuntos foráneos como el recorrido de Asmodeo a Constantinopla y la zona meridional de Europa, y la disputa con los cuatro extranjeros en la venta de Darazután. Estos episodios sintetizan lo constitutivo de España cual potencia mundial, no tanto con referencia a los acontecimientos históricos en sí mismos, sino en cuanto a las vivencias de los españoles frente a la posibilidad de que baje otra vez el Gran Turco, o frente a los sucesos de la guerra en Flandes o la apretada situación fiscal del país. Se trata, en fin, de una anatomía —a veces satírica, a veces no— compuesta de una serie de cuadros pintorescos de la vida en la época de Felipe IV.

Vélez declara sus intenciones en el título, EL DIABLO COIVELO./ NOVELA DE LA/OTRA VIDA TRADVZIDA A ESTA..., en su dedicación a don Rodrigo de Sandoval, Duque de Pastrana (pág. 4) y en su PROLOGO A LOS MOSQUETEROS DE LA COMEDIA DE MADRID (pág. 5). Se propone escribir un libro del trasmundo, una relación fantástica reducida a términos familiares para la diversión de un gran señor y en alabanza de la nobleza andaluza y de la Corte Real. Procura desentenderse de la censura del vulgo analfabeto que reinaba sobre la comedia: sería un libro en prosa para leerse y no un texto de efectos fáciles hecho en verso que se escuchara distraídamente sobre la bulla de la platea. El autor una vez detiene el ingenio y escribe un libro en la esperanza de que plazca a sus patrones y que éstos lo galardoneen por su esfuerzo de escritor, que hasta entonces había compuesto más de cuatrocientas piezas teatrales.

Pero los objetos de su sátira revelan otra intención. Madrid, ínfimo y odioso, y Toledo, afectado y ridículo, se oponen a las nobles ciudades de Andalucía, primeras entre ellas Écija, ciudad natal del autor, y Sevilla, notable por su buen gusto literario. La generosa aristocracia se muestra en notable oposición al plebeyo vulgar, aquella triste humanidad que anda "trauandose la batalla del dia, cada vno con disinio y negocio diferente y pretendiendose engañar los vnos a los otros, leuantandose vna poluareda de embustes y mentiras que no se descubria vna brizna de verdad por vn ojo de la cara" (pág. 27).[1] Sin embargo, *El Diablo Cojuelo* no se limita a trazar la polaridad sencilla entre plebe y nobleza, Corte y provincia, etc. En el curso del viaje del demonio y su joven compañero, Vélez incorpora diversos aspectos hasta acabar con un registro anatómico de la realidad y, encerrada en él, una veladísima afirmación personal acerca de ella. Un estudio de la exposición y fuentes del libro pondrá de manifiesto algunos hechos significativos acerca del sentido de su estructura y visión del mundo que hasta el momento han permanecido inadvertidos. Por ejemplo, al contrario de lo que han concluido los comentaristas, la obra sí posee unidad. Tiene un solo propósito, que es anatomizar varios sectores sociales y espaciales en el estilo literario o retórico que es más conveniente para evocar su vivencia particular. Debido a esto, la narración parece un popurrí de motivos y estilos que aparentemente no tiene otro elemento unificador que ese propósito. La impresión de incoherencia se refuerza por el que la narración está dividida en dos partes, distribuidas con igualdad, pero estilísticamente muy dispares. Muchos han reconocido esta división, pero nadie se ha fijado en que las dos mitades se desarrollan paralelamente, y más, que la disposición y funcionamiento de sus parte constitutivas están en perfecta correspondencia. Los trancos están dispuestos en uno, dos y dos: el Tranco I se corresponde al VI; II-III corresponden a VII-VIII; y IV-V a IX-X. Los Trancos I y VI sirven para montar el 'escenario' de la acción subsecuente y son en su mayor parte descriptivos. Suministran las condiciones espacio-sociales en que la acción va a desenvolverse. Además, estilísticamente ambientan la modalidad expositiva de lo que sigue y disponen al lector a ello en la misma manera como el preludio condiciona y dispone al auditorio a los movimientos de la sinfonía. Los Trancos II-III y VII-VIII son panorámicos y enumerativos, involucrando en breve espacio diversos tipos, si-

---

[1] Charles V. Aubrun, "*El Diablo Cojuelo* et *Le Diable Bouteux*: Deux définitions du roman", *Mélanges à la mémoire de Jean Sarrailh* (Paris: Centre de Recherches de l'Institute d'Etudes Hispaniques, 1966), I, 58.

tuaciones e intereses vitales cuya suma casi alcanza dimensiones cósmicas. Los Trancos IV-V y IX-X, en cambio, son escénicos y anecdóticos. En éstos los protagonistas dejan su papel de espectador y se comprometen en la acción, susceptibles a las consecuencias de las situaciones contingentes. De esta manera la primera serie de trancos en cada parte nos muestra el mundo como *objeto*, mientras que en la segunda serie de trancos el mundo se revela como *proceso*.

Otro factor que se hará evidente en un estudio de la estructura y fuentes de *El Diablo Cojuelo* es lo que se podría llamar su "estructura polar". En varios niveles la narración se caracteriza por la yuxtaposición de términos extremos. La bilateralidad del libro polariza la nación entre Castilla y Andalucía, polaridad que se verifica explícitamente en el tranco final, cuando el Diablo Cojuelo habla del "Meridiano de Seuilla y Madrid" (pág. 116). Entre trancos seguidos veremos la locura de la Ciudad en sus manifestaciones habituales y profesionales. Entre otros trancos presenciaremos la Comedia en sus dos momentos críticos, el de su composición y el de su ensayo. Dentro de un tranco asistimos a un sarao de la pléyade sevillana y sondeamos el infame mundo hampesco de aquella ciudad. Hay también otras polaridades que, aunque no contiguas, son no menos eficaces. En una parte, el Tranco III, espiamos la vida de la Corte como entre bastidores, y en otra somos espectadores de su pompa y gala pública en el teatro de la Calle Mayor. Asimismo, en el plano estilístico habrá polaridades modales y retóricas. La orientación general de la sátira en los Trancos I-V se diferencia de raíz de la orientación cortesana de los capítulos posteriores; a las descripciones epidícticas de los campos y ciudades andaluces (Tranco VI) se opone la visión escatológica del otro mundo en la parada alegórica de la Casa de la Fortuna (Tranco VIII); la relación de los pícaros de San Lázaro está a la mayor distancia estilística del gracejo de la Academia de Sevilla. El conjunto de estas polaridades, como índice,[2] evoca la imagen de un mundo

---

[2] El *índice* funciona principalmente por virtud de la contigüidad objetiva y existencial entre el signo y el significado. Véase Roman Jakobson, "Quest for the Essence of Language", *Diogenes*, LI (1965), 22; también Robert M. Browne, "The Typology of Literary Signs", *College English*, XXXIII (1972), 3.

caóticamente desarticulado y mediatizado, cuyo único soberano es la Locura. Las polaridades no se presentan como extremos de un continuo, sino como retazos o piezas de un mosaico cuyo relativo valor tectónico no se aprecia sino desde alguna distancia. No parece haber relaciones causales, jerarquías funcionales o estructuras sociales que ordenen el mundo del libro. Los diversos sectores se muestran como herméticos y esenciales, cada uno con su retórica particular, como si fueran artículos de un catálogo. A propósito, muchas partes de la obra fueron compuestas a manera de catálogo, literalmente a retazos tomados de diversas fuentes. *El Diablo Cojuelo* se escribió no seguidamente, sino a trozos, a veces con grandes intervalos entre unos y otros capítulos, entre los años 1637 y 1640 ó 1638 y 1639, según afirman Adolfo Bonilla o Felipe Pérez y González.[3] La prueba de su gestación larga e irregular se ve en el diverso sentido y movimiento de algunos trancos y en la relación temporal que parte de la obra guarda con elementos exteriores a la misma, de los cuales son más evidentes el soneto y las premáticas que don Cleofás lee en los últimos trancos: originalmente fueron compuestos y leídos por Francisco de Rojas Zorrilla ante la Academia Burlesca en el Buen Retiro en 1637, concurso en que Vélez sirvió de presidente.

En cuanto a fuentes, es innegable que nuestro poeta tuvo en cuenta muchos antecedentes. Su deuda con Quevedo es manifiesta; en varias ocasiones recuerda a Cervantes; hay alguna relación directa con la visión y temas que aparecen en *Los antojos de mejor vista* de Fernández de Ribera, o con la creación de la academia literaria en *El sutil Cordovés, Pedro de Urdemalas* de Salas Barbadillo (Madrid, 1620), o ya recordando el tema popular del Diablo Cojo, según se ve en la escena de la cárcel en *La estrella de Sevilla*.[4] Se ha insistido en la originalidad

---

[3] Bonilla y San Martín, *El Diablo Cojuelo*, Sociedad de Bibliófilos Madrileños, 2 (Madrid, Suárez, 1910), págs. xv-xxviii; Pérez y González, *El Diablo Cojuelo: Notas y comentarios a un "Comentario" y unas "Notas": Nuevos datos para la vida de L. V. de G.* (Madrid, "Sucesores de Rivadeneyra". 1903), págs. 107-132.

[4] Véase la discusión de Enrique R. Cepeda y Enrique Rull sobre las fuentes y relaciones de *El Diablo Cojuelo* en el estudio preliminar de la ed. cit., págs. 15-22.

genial de Vélez frente a sus fuentes de inspiración. Cepeda y Rull, por ejemplo, no creen en tomas directas exclusivamente. Mientras en el manejo de las escenas reconocen la presencia de todos los elementos literarios disponibles en la época, la mitología, la astrología, dichos y refranes, las misceláneas, la realidad, etc., que para ellos es resultado del tipo de convivencia literaria que se vivía en el momento, la única fuente importante es, según ellos, la del mismo poeta. "El poeta —dicen— tiene... que transformar a su medida y necesidad toda esta poligénesis que, más o menos, hay que aceptar en el marco literario del siglo XVII. La intención y motivación que presenta Vélez... sólo pertenece al poeta". [5] La intención y motivación que Vélez presenta desde luego serán suyas, pero esa poligénesis de elementos literarios y fuentes inspiradoras no está tan transformada como los dichos comentaristas darían a entender. De hecho, Vélez nunca estuvo lejos de sus fuentes. No sólo tomó prestadas algunas situaciones de las dichas obras, sino que se sirvió a su gusto de enteros pasajes de ésas y otras obras que hoy son menos conocidas. No cabe duda de que en el momento de componer algunos episodios de *El Diablo Cojuelo* tenía presente alguna traducción de Luciano,[6] la *Guía y avisos de forasteros que vienen a la Corte* de Antonio Liñán y Verdugo (Madrid, 1620), *Amor con vista* de Juan Enríquez de Zúñiga (Madrid, 1625),[7] *La universidad de amor* del pseudónimo Antolínez de Piedrabuena y *El hospital de incurables y Viaje de este mundo y el otro* de Salvador Jacinto Polo de Medina (ambos impresos en Madrid, 1636). La obra es en buena parte un catálogo de los estilos literarios del día,[8] pero en manos de Vélez los motivos

---

[5] Ibíd., pág. 15.

[6] Salió a la luz la traducción de Francisco de Herrera Maldonado en 1621 con el título de *Diálogos morales*. La edición contiene ocho diálogos traducidos "de Latín en Castellano": *Cynico, El Gallo, El Philopseudes, El Acheronte [Charon], El Icaro Menipo, El Toxaris, La Virtud Diosa y El Hércules Menipo*. Véase Theodore S. Beardsley, Jr., *Hispano-Classical Translations Printed between 1482 and 1699*, Duquesne Studies Philological Series, 12 (Pittsburgh, Duquesne Univ. Press, 1970), pág. 78.

[7] M[iguel] H[errero] G[arcía] sugirió esta obra como fuente posible en "Una fuente de 'El Diablo Cojuelo'", *Correo Erudito*, II (1941), 93.

[8] Manuel Muñoz Cortés ha escrito del arte de *El Diablo Cojuelo* en términos del Barroco en relación con el estilo esteticista de Góngora y el

extraídos de otros libros adquieren nuevo sentido y vigor. Aunque a veces nuestro autor tiende a lo plagiario, no debemos reprobarlo, porque es precisamente ahí en las materias apropiadas donde mejor se ve su maestría artística. Con excepción de Quevedo o Cervantes, la sátira de Vélez es a más y mejor velada que ninguna de sus fuentes. Adelgaza la expresión verbal; lo que en otros fue pedestre brilla en nuestro poeta. A propósito de ello Bonilla advirtió muy bien cómo uno debe enfrentar la agudeza del *Diablo Cojuelo:*

> Vélez de Guevara, como Quevedo, es un escolástico del idioma. No hay que perder una sola de sus palabras, no hay que confiar en el valor directo de cualquier de sus frases, porque lo mejor del cuento pasaría quizás inadvertido. Es preciso estar ojo avizor para saborear como es debido aquellas atrevidas metáforas, aquellas extravagantes relaciones, aquellos estupendos equívocos, aquellas arbitrarias licencias en que se complace. Esta indispensable atención fatiga en ocasiones, pero hace sacar doble fruto de la lectura de un libro cuyo atractivo consiste, más bien que en el interés de los lances, en la ingeniosidad de los pensamientos. Sólo el muy familiarizado con los secretos del habla, podrá darse cabal cuenta de las bellezas de una obra semejante.[9]

Mas por chusco que sea su estilo agraciado, no perdamos vista de que Vélez empleaba este 'catálogo literario' para dar expresión a su visión, a veces satírica, a veces no, de la vida española. Si el libro anatomiza y cataloga la vivencia de varios aspectos de la vida y de las principales corrientes literarias del día, también anatomiza la vivencia personal del autor frente a ellos. Veremos, por ejemplo, cómo Vélez a veces era muy cauto con sus modelos,

---

estilo infrarrealista de Quevedo: "...Vélez está como a caballo entre el mundo quevedesco y el gongorino (siguiendo los conceptos tradicionales). Cuando el objeto de su visión es social, entonces la metáfora es de tipo infrarrealista, sobre todo ingeniosa; cuando es de tipo de la naturaleza o de lás ciudades (ciudad en su aspecto *histórico* y no *social*), entonces es idealizante, es decir, esteticista" ("Aspectos estilísticos de V. de G. en su 'Diablo Cojuelo'", *RFE*, XXVII [1943], 75). Cf. Georges Cirot, "Le style de V. de G.", *BH*, XLIV (1942), 175-180, el cual también considera la obra a la luz del Barroco, esta vez con relación al conceptismo a lo Gracián.

[9] Adolfo Bonilla y San Martín, *El Diablo Cojuelo* (1902), pág. xxx.

cómo en otras ocasiones era más prolijo con ellos según cuánto sentía la probabilidad de represalias contra sus juicios satíricos, y cómo se prodigaba con sus modelos cuando, como en los Trancos VI-VIII, era cuestión de motivos interesados y de posibles recompensas generosas. En una palabra, *El Diablo Cojuelo* es una exégesis anatómica y anatomística de la sociedad española de su época al mismo tiempo que es una auto-exégesis de su autor.

TRANCO I. EL ENCUENTRO. 'CIENCIA MEDIA' ANATOMÍSTICA.

Las primeras oraciones del libro inmediatamente ubican la acción en el espacio y tiempo —Madrid, de noche, a fines de julio— y establecen el ambiente estilístico más propicio para la exposición satírica que sigue. Se trata de un joven señorón, "don Cleofas Leandro Perez Zambullo, hidalgo a quatro vientos, Cauallero vracan y encrucijada de apellidos, galan de nouiciado y estudiante de profession" (pág. 9), que huye de una cuadrilla que injustamente lo persigue "por vn estrupo que no lo auia comido ni beuido". Se refugia en el laboratorio de un alquimista, donde encuentra a Asmodeo, el Diablo Cojuelo, que está preso en una redoma. Traban amistad. El estudiante pone al demonio en libertad y éste en recompensa se determina a mostrarle el mundo a don Cleofás, lo que da principio a la exposición anatómica de la sociedad.

A la enumeración distributiva que presenta y describe el carácter y condición de don Cleofás corresponde la enumeración acumulativa con que se presenta al personaje titular. La enumeración del Diablo Cojuelo tiene especial interés folklórico porque se lee como un índice de la larga tradición de este demonio. Desde Rodríguez Marín [10] los críticos han dado por sentado que el "diablo coxo" es un tipo tradicional autóctono, lo cual quieren comprobar con los refranes y anécdotas referidos a él. Además, el mismo Vélez declara que Asmodeo es "Español por la vida, y con quien vengo, vengo" (pág. 52). La representación de Asmodeo realizada por Vélez fue definitiva, y especialmente desde *Le Diable Boiteux* de Lesage, la españolidad de este demonio se

---

[10] *El Diablo Cojuelo*, ed. cit., págs. xxvii-xxxi.

confirmaba una y otra vez. Sin embargo, el hecho es que Asmodeo proviene de orígenes orientales, y su retrato en el Tranco I sintetiza varias tradiciones judeo-cristianas.

Según la tradición cabalística, Asmodeo nació de la unión de Adán y Lilith y figuraba entre los diez archidemonios, los *sephiroth* malos, que nacieron de la rama izquierda del Árbol de la Vida.[11] Documentalmente apareció por primera vez en el libro de Tobías; fue Asmodeo el que mató a los siete maridos de Sara. En el desarrollo de la iconografía cristiana, Asmodeo llegó a ocupar una posición de preeminencia en la legión de los demonios. Entre los diablos de categoría, Asmodeo ha sufrido la mayor pérdida de prestigio y poder. Hoy considerado como un hazmerreír, en su época era el demonio más poderoso de todos. Según los demonólogos, fue el ángel favorecido de Dios, y después de la Caída figuró entre los personajes más eminentes del Infierno. Los autores medievales lo apodaron "Príncipe de los Demonios"; en la opinión del Papa Gregorio IX, fue en nombre de Asmodi que los Stedinger de Frislandia idolatraban al Diablo en el siglo XIII.[12] En el curso de los siglos se ha atribuido a Asmodeo muchos poderes y cualidades, y Vélez los ha compendiado nítidamente en su representación.

Orgullo. Uno de los rasgos distintivos de todos los demonios —y la razón por la cual son demonios, según enseñan los exegetas—[13] es su orgullo. No es esto menos verdad en el caso de Asmodeo. No sólo gusta de engrandecerse frente a sus semejantes considerándolos con indiferencia:

> —"¿eres demonio pleueyo, v de los de nombre?" —"y de gran nombre —le repitiô el vidro endemoniado— y el mas celebrado en entrambos mundos"; —"¿eres lucifer?", repitiô don Cleofas; —"esse es demonio de dueñas y escuderos", le respondiô la voz. —"¿Eres satanas?", prosiguio el estudiante; —"esse es demonio de sastres y

---

[11] Richard Cavendish, *The Black Arts* (New York, Capricorn Books, 1968), págs. 260-261.

[12] Maximilian Rudwin, *The Devil in Legend and Literature* (Chicago, Open Court, 1931), pág. 86.

[13] Giovanni Papini, *The Devil* (London, Eyre and Spottiswoode, 1955), cap. II.

> carniceros", boluio a preguntalle don Cleofas; y la voz a respondelle: —"esse es demonio de taures, amancebados y carreteros." —"¿Eres Barrabas, Belial, Astarot?", finalmente le dixo el estudiante; —"essos son demonios de mayores ocupaciones; —le respondio la voz— demonio mas por menudo soy, aunque me meto en todo;..." (páginas 11-12)

sino que también se ufana de ser superior a todos los demás aun antes de la Caída, lo que explica su pie cojo:

> "...pero, ¿no me dirà, señor Diablo Cojuelo, por que le pusieron este nombre a diferencia de los demas, auiendo todos caido desde tan alto que pudieran quedar todos de la misma suerte y con el mismo apellido?" —"Yo,... me llamo desta manera porque fui el primero de los que se leuantaron en el reuelion Celestial y de los que cayeron y todo, y como los demas dieron sobre mi, me estropearon, y ansi quedè mas que todos señalado de la mano de Dios y de los pies de todos los Diablos, y con este sobrenombre. (págs. 12-13) [14]

Astucia y sutileza. Asmodeo también se caracteriza por su astucia y sutileza. Según Goethe, era el espíritu más sagaz del Infierno. [15] Es Asmodeo el que defraudó la lámpara mágica a Aladin y que burló a Salomón estafándole la famosa sortija para apropiarse de su harén y de sus poderes monárquicos. En sagacidad ninguno de sus compañeros diabólicos le excedió, y es precisamente por eso que éstos lo entregaron al nigromante, "porque los traia al retortero a todos, como dize el refran de Castilla, y cada momento a los mas agudos les daua gato por Demonio" (pág. 13).

---

[14] Tradicionalmente se enseña que Lucifer, por causa de su orgullo motivado por su superioridad, fue el primero a quien Dios echó del Cielo. Si la desavenencia con la tradición al sustituir a Asmodeo por Lucifer es resultado simplemente de una equiparación (véase John M'Clintock y James Strong, eds., *Cyclopedia of Biblical, Theological and Ecclesiastical Literature* [New York, Harper and Bros., 1867], I, 472) o si se trata de un icono distinto es en realidad una cuestión académica. Ambos casos ilustran el mismo concepto figurativo: el orgullo (véase D. W. Robertson, *A Preface to Chaucer* [Princeton, Princeton Univ. Press, 1962], págs. 291-292).

[15] Rudwin, ob. cit., pág. 91.

Vigor. La indefatigable energía del Diablo Cojuelo era proverbial. En efecto, esta cualidad lo tipificaba tanto que llegó a ser correlato de su nombre.[16] Al comienzo de la historia de Vélez la mayor preocupación de Asmodeo es haber estado inactivo por tanto tiempo: "nunca he estado mas sin reputacion que aora en poder deste vinagre" (pág. 13). Quiere que Cleofás lo saque de su "argel de vidrio" "porque este a cuyos conjuros estoy asistiendo me tiene ocioso sin emplearme en nada, siendo yo el Espiritu mas trauiesso del infierno" (pág. 11). Después de libertado, la actividad del Diablo Cojuelo determina el movimiento de la narración: "y como es el Diablo Cojuelo, no lo reparto en capítulos, sino en Trancos" (pág. 6).

Confusión. "yo soy las pulgas del infierno —declara Asmodeo—, la chisme, el enrredo, la vsura, la mohatra" (pág. 12), y en el curso de la obra da abundante prueba a su aserto. Se vanagloria de ser el fomentador del mayor embrullo de aquellos tiempos, la guerra en Flandes: "Mas no por esso menos agil para todas las facciones que se ofrecen en los Payses vajos, en cuyas empresas nunca me he quedado atras, antes me he adelantado a todos, que, camino del infierno, tanto anda el cojo como el viento" (pág. 13); remata sus encuentros en los mesones con una reyerta calamitosa; va a Constantinopla "a alborotar el Çerallo del gran Turco y hazer degollar doze o treze hermanos que tiene, por miedo de que no conspiren a la Corona, y voluerme de camino por los Cantones de los Esguizaros y por Ginebra a otras diligencias" (pág. 39); etc., etc.

Inventor de la música y del baile. La invención de la música y de las danzas se atribuye popularmente al Demonio. A ello se refería Víctor Hugo en varias ocasiones.[17] Esta creencia se funda en una tradición eclesiástica que imputó la invención de la música al Diablo, y no sin razón en vista de las escabrosas vulgarizaciones que la gente hacía de los sagrados cantos rituales. Esta actitud fue expresada gráficamente por Jerónimo Bosco en el ala derecha del *Jardín de las delicias,* donde los instrumentos

---

[16] Véase Rodríguez Marín, *El Diablo Cojuelo,* ed. cit., págs. xxix-xxx.
[17] Rudwin, ob. cit., pág. 255.

están convertidos en máquinas de tortura infernal.[18] Aún en nuestros días hay sectas protestantes que condenan la música durante los ritos como artificio satánico cuyo fin es distraer a la congregación. Naturalmente, el demonio es también el originador del baile, particularmente de las danzas festivas. En *El Diablo Cojuelo*, Asmodeo se jacta de que fue él quien introdujo en el mundo las delicias musicales y otras formas de entretenimiento: "yo truje al mundo la çarabanda, el deligo, la chacona, el bullicuzcuz, las cosquillas de la capona, el guiriguirigay, el çambapalo, la mariona, el avilipinti, el pollo, la carreteria, el hermano bartolo, el carcañal, el guineo, el colorin colorado; yo inuentè las pandorgas, las jacaras, las papalatas, los como, las mortecinas, los titeres, los bolatines, los saltambancos, los maesse corales..." (pág. 12). A propósito, Asmodeo se tenía por el juglar de los demonios, hecho patentizado en el fragmento de un romance, hoy desconocido, que cita Rodríguez Marín:

> ¿Qué es de ti berzebu,
> qué es de ti, barravas,
> qué es de ti, diablo coxuelo,
> que eras tú el juglar?...[19]

Hay otros atributos suyos que se relacionan con éstos, pero que no figuran explícitamente en el retrato de Vélez. Además de su patrocinio de la música y baile, Asmodeo se estimaba como el inventor del drama, especialmente la comedia. Era, en fin, el patrón diabólico de las bellas artes y letras. Él mismo tenía aspiraciones literarias. Aunque se negaba a publicar bajo su propio nombre ayudaba a muchos escritores. Entre los autores famosos que, según la tradición, debieron su inspiración a este demonio es Boccaccio, reputado de haber compuesto el *Decamerón* según el dictado de Asmodeo, quien a su vez quiso vengarse de los monjes que le habían difamado.[20] Con todo esto, el Diablo Cojuelo, según el famoso demonólogo y alumno de Agrippa, Juan

---

[18] Véase el excelente análisis del "Infierno de los Músicos" de Wilhelm Fränger, *The Millennium of Hieronymus Bosch*, (London, Faber and Faber, 1952). págs. 84-91.
[19] *El Diablo Cojuelo*, ed. cit., pág. xxxi.
[20] Rudwin, ob. cit., pág. 92.

Wiero, sobresalía como el erudito de la jerarquía demoníaca. Versado en las artes negras y renombrado por su sabiduría oculta, Asmodeo era el profesor más distinguido de su *alma mater*, el colegio astrológico, fundado por los ángeles caídos, Asa y Asael. También era filósofo, tomando sus ideas de varias escuelas y picándolas con su propia salsa. Según el crítico francés, Jules Janin, Asmodeo es la filosofía de todas las edades sumada en una caricatura,[21] noción ésta que se tenía por supuesta en la época de Vélez de Guevara. Por eso dice don Cleofás: "bien se que sabes Filosofia... mejor que si la huuieras estudiado en Alcala, y que eres Maestro en primeras licencias" (pág. 48).

Correspondiente de la alquimia. Relacionado con sus saberes científicos y filosóficos es su conocimiento de la alquimia. Entre los siglos XII y XV la aterrorizante demonología primitiva asumió una forma solapada con el advento de la alquimia en Europa. Como sus doctrinas estaban inficionadas de herejía y eran constantemente asociadas con la hechicería y magia negra, era natural que las artes representasen a los alquimistas acompañados de familiares diabólicos. Debido a sus relaciones con el rey Salomón y al papel de familiar y confidente asignado a él por el folklore árabe —fue uno de los *djinn* de la mitología arábiga—,[22] la figura de Asmodeo se identificaba fácilmente con la nigromancia. Es de notar que los familiares más famosos de la literatura mundial, el Mefistófeles de Christopher Marlowe, y, más tarde, el Mephisto de Goethe, son descendientes anglo-germánicos de nuestro Asmodeo.[23]

"Santo patrón" de los calaveras. A pesar de todos sus saberes, la característica primaria de Asmodeo es su libertinaje. Tanto en la tradición judía como en la cristiana, Asmodeo es el príncipe de las delicias, patrón de las pasiones y mecenas de la lujuria y sensualidad. Según la leyenda, cuando Salomón preguntó al diablillo por su nombre y oficio, éste le contestó: "I am called Asmodeus among mortals, and my business is to plot against

---

[21] Ibíd., pág. 91
[22] F. T. Hall, *The Pedigree of the Devil* (London, Trübner and Co., 1883), pág. 241.
[23] Ibíd.

the newly wedded, so that they may not know one another. And
I sever them utterly by many calamities; and I waste away the
beauty of virgins and estrange their suitors... I transport men
into fits of madness and desire when they have wives of their
own, so they leave them and go off by night and day to others
that belong to other men; with the result that they commit sin
and fall into murderous deeds". [24] Para presentarse a los hombres
adoptaba varios semblantes; a veces aparecía como bizarro, otras
como grotesco —notemos al paso que los "chichones mayores de
marca" (pág. 14) pueden aludir a su aspecto sensual y lujurioso—,
pero sus maneras siempre eran refinadas y su conducta la del
caballero ejemplar. Bien puede decirse que en Asmodeo el Demonio se ha asociado peligrosamente con el ingenio y sabiduría,
con la jovialidad y bizarría, con la *finesse* y gala. Así comprendemos por qué Cleofás, fracasado en sus lances amorosos, lo
respeta como tipo de patrón: " '... yo me llamo el Diablo Cojuelo.' — 'Con dezir esso —dixo el Estudiante— huuieramos
ahorrado lo demas; v. m. me conozca por su seruidor, que ha
muchos dias que le desseaua conocer...' " (pág. 12).

El encuentro del Diablo Cojuelo y don Cleofás fundamenta
el modo expositivo del libro, dotándolo de una virtualidad especial. De una parte, establece la situación dialogal, pero sin res-
tringir las perspectivas, como ocurre frecuentemente en el diálogo
literario. Al contrario, la oposición del término expositivo omnisciente de Asmodeo al término aprensivo empírico del estudiante
permite ilimitadas posibilidades en cuanto al punto de vista sin
contravenir la sensibilidad del lector. De otra parte, con el
encuentro se establece una manera de "ciencia media" situacional
y estilística. Toda la obra juega sobre los resultados producidos
por nuevas e inesperadas contingencias, que a su vez resultan de
la supresión de las fronteras entre el ser y las apariencias, entre
la experiencia y la ilusión, entre el empirismo objetivo y la fantasía subjetiva. Presenta un mundo en donde el Diablo Cojuelo,
con toda naturalidad, puede apelar a la justicia del Santo Oficio
y donde "los Diablos tienen sus Alguaziles y... los Alguaziles
tienen a los Diablos" (pág. 120). La realización de lo sobrenatural

---

[24] Cyrus Adler, *et al.*, eds., *The Jewish Encyclopedia* (New York-London, Funk and Wagnalls, 1902), II, 217.

y la desrealización de lo natural se manifiestan también en la reducción de la semántica y sintaxis al "grado cero".[25] Quiero decir, Vélez libérrimamente acoplaba las más disímiles relaciones semánticas y sintácticas para reducir los objetos del mundo de *El Diablo Cojuelo* o *a transmutatione* o *ab immutatione* mediante la proyección animista, la analogía, la doble visión o la imagen sensorial que es reveladora de lo imperceptible. Su empleo extensivo de hipotaxis, cuya función normal es analítica o clarificadora, aquí desbarata las relaciones gramaticales, ya complejas, lo cual frecuentemente produce la impresión de un mareo verbal cuyo sentido es a lo mejor deleznable.

La verosimilitud de la "ciencia media" de *El Diablo Cojuelo* se debe a la disposición natural del estudiante, a la personalidad de la figura titular y también al ambiente sómnico en que las nuevas contingencias y resultados son desarrollados. Algunas ediciones de la obra llevan el subtítulo, "*Verdades soñadas y novelas de la otra vida*". No obstante el que Bonilla afirme que sea del propio Vélez,[26] el subtítulo apareció por primera vez en una edición muy posterior a la muerte de nuestro poeta.[27] Pero aun así, hace constar un motivo importante en la realización de la obra: el sueño. En varias ocasiones el sueño figurará estratégicamente en el desarrollo de la narración. Cuando Asmodeo y don Cleofás suben a la torre de San Salvador, la preparación de la primera enumeración de "verdades" fija la escena en el tiempo y crea un ambiente que es definidamente sómnico: "su relox daua la vna, hora que tocaua a recoger el mundo poco a poco al descanso del sueño, treguas que dan los cuydados a la vida, siendo comun el silencio a las fieras y a los hombres" (pág. 15). Cuando la pareja da una gira por las calles de la Corte en el Tranco III, se nos describe cómo a Cleofás "Todo le parecia

---

[25] Véase Roland Barthes, *Le Degré Zéro de l'Ecriture* (Paris, Seuil, 1964), págs. 66-68, y *Elementos de la semiología*, segunda ed., *Comunicación*, Serie B, 6 (Madrid, Alberto Corazón, 1971), págs. 66-67.
[26] *El Diablo Cojuelo* (1902), pág. xxxi.
[27] *El Diablo coxuelo, verdades soñadas y novelas de la otra vida... Añadido en esta impression un Cathalogo de Libros entretenidos, ocho Enigmas curiosas, y dos Novelas, Tercera impres.* Madrid, D. Pedro Joseph Alonso y Padilla, 1733. (En la portada de esta edición se llama al autor Luis Pérez de Guevara, error que se repite en muchas ediciones posteriores.)

que lo iva soñando" (pág. 29) y cómo "salieron del soñado—al parecer—edificio y enfrente descubrieron otro" (pág. 31). La visión alegórica de la casa de la Fortuna en el Tranco VII asimismo será desarrollada en el contexto del sueño: "Ya en estas razones se auia agradecido al sueño el tal don Cleofas, dexando al compañero de posta de grulla de la otra vida, quando vn gran estruendo de clarines y cabalgaduras le despertô sobresaltado, rezelando que se le lleuaua a otra parte mas desacomodada el que le auia agasajado hasta entonces, pero el Diabllilo le sosegò diziendo: —'no te alborotes, don Cleofas, que estando conmigo no tienes que temer nada:' — 'pues ¿que ruido tan grande es este?' — le replicó el Estudiante;—'yo te lo dirè—dixo el Cojuelo—si acabas de despertar y me escuchas con atencion.' " (págs. 68-69). A la conclusión de la obra, cuando don Cleofás se despierta en Triana, se termina el sueño. El joven, "auiendo sabido el mal sucesso de la prision de su Diabllilo", vuelve desengañado a Alcalá a terminar sus estudios. Se ve, entonces, que el motivo sómnico recurrirá a lo largo de la obra. A propósito, la premisa fundamental del libro, el encuentro y viaje del estudiante y demonio, en aquel tiempo sugería desde luego una situación enmarcada por los sueños, hecho que se comprueba por la *Reprobación de las supersticiones y hechicerías* de Pedro de Ciruelo (¿Alcalá?, 1530). En aquella época el tratado era conocidísimo —la duodécima edición salió a luz en 1628— y en vista del interés que Vélez tenía por tales materias [28] me aventuraría a decir que el poeta no solamente conocía dicha obra de primera mano, sino que, por alguna semejanza que guarda con ésta, pudiera haberle inspirado la primera situación de *El Diablo Cojuelo* el pasaje que sigue:

> Es, luego, la magia o nigromancia aquella arte maldita con que los malos hombres hacen concierto de amistad con el diablo, y procuran de hablar y platicar con él, para le demandar algunos secretos que les revele, y para que les dé favor y ayuda para alcanzar algunas cosas que ellos desean. Y para hacer estas invocaciones, el diablo les tiene enseñadas ciertas palabras que digan y ciertas cerimonias que hagan de sacrificios, de pan y

---

[28] Véase lo escrito por Arnold Reichenberger sobre Vélez y lo sobrenatural en su introducción a *El embuste acreditado* (Granada, Univ. de Granada, 1956), págs. 105-109.

vino y viandas, de sahumerios con diversas hierbas y perfumes. Y el demonio tiene concertado con ellos por estos servicios que le hacen, que con cerimonias les aparescerá y hablará por palabras o por señas con que se entienden. Y estas artes son en muchas maneras, que algunos nigrománticos llaman al diablo haciendo un cerco o círculo en tierra con ciertas señales. Otros en una redoma llena de cierta agua; otros en un espejo de alinde; otros piedras preciosas de anillos, y aun algunos dellos en la vislumbre de las uñas de sus manos; y de otras infinitas maneras por las cuales, invocando el diablo, les aparesce en muchas y diversas maneras.

La primera es cuando se aparesce en figura de hombre, que lo ve el nigromántico y le habla. Otras veces en figura de alguna ánima ensabanada, que dice que anda en pena; otras veces el diablo, aunque le aparesce en figura de hombre, no le habla, mas hácele algunas señas por donde se entiende con él. Otras veces le aparesce en figura de perro, de gato o lobo, o león o gallo o de otro animal bruto; y háblale o por palabras o por señas que se entienden.

Hay otras maneras desta nigromancia, en que el nigromántico no ve al diablo, mas oye sus palabras o señas que le hace, y esto es en algún hombre o otro animal bruto vivo y habla en él. Otra manera es cuando entra en cuerpo de hombre muerto y le hace hablar. Otra cuando le aparesce durmiendo, entre sueños, y le dice algo. Otras veces hace estruendo por la casa, y oye el hombre señales en el aire, o en el río, o en el fuego, o en las entrañas de las reses que mata el carnicero. Otras mil maneras que el diablo tiene demostradas a los hombres malos que le sirven y tienen hecho pacto de amistad con él, para cómo se entiendan por sus palabras y señas, de la manera que los ladrones y rufianes se entienden y los otros no lo entienden. Así es el concierto del nigromántico con el diablo.

A esta nigromancia pertenece la arte que el diablo ha enseñado a las brujas o xorguinas, hombres o mujeres, que tienen hecho pacto con del diablo, que untándose con ciertos ungüentos y diciendo ciertas palabras, van de noche por los aires y caminan lexos a tierras a hacer ciertos maleficios. Mas esta ilusión acontesce en dos maneras principales: que horas hay que ellas realmente salen de sus casas y el diablo las lleva por los aires a otras casas y lugares; y lo que allá ven, hacen y dicen, pasa realmente ansí como ellas lo dicen y cuentan. Otras veces ellas no salen de sus casas, y el diablo se reviste en ellas de tal manera que las priva de todos sus sentidos y caen en tierra como muertas e frías, y le representa en sus fantasías que van a las otras casas y lugares y que allá ven y hacen y dicen tales y tales cosas; y que nada de aquello es verdad, aunque ellas piensan que todo es ansí como ellas lo han soñado; y cuentan muchas cosas de las que allá pasaron. [29]

El sueño fue tópico común en aquella época. El arte, la filosofía, la religión, la ciencia, todas ellas demostraban una preocupación por los sueños: los cuadros de Jerónimo Bosco, el Greco y Velázquez ("Los borrachos", por ejemplo); la literatura mística; los diversos tratados eruditos como *La exposición del libro de Job* de Fray Luis de León, la citada *Reprobación de supersticiones* de Ciruelo y la *Agricultura Cristiana* de Juan de Pineda; a no decir nada de Quevedo o Calderón. La noción de que la vida era sueño estaba en el ambiente.[30] La fantasía florecía, y para ello no había tierra más fértil que la sociedad española, que estaba en trance de desintegración y flujo. Si recordamos que "donde hay muchos [sueños] hay muchas vanidades y parlerías",[31] comenzaremos a comprender por qué la sátira imaginaria era especialmente preeminente en aquella época. El sueño suele ser la forma mejor adecuada para hacer sátira. Los grandes maestros —Luciano,[32] Petronio, Dante, Quevedo,[33] *et al.*— reconocieron

---

[29] Ed. Francisco Tolsada, Colección Joyas Bibliográficas, 7 (Madrid, 1952), págs. 35-36.

[30] Véase Félix G. Olmedo, S. I., *Las fuentes de "La vida es sueño": La idea, el cuento, el drama* (Madrid, Voluntad, 1928), passim.

[31] Juan de Pineda, *Diálogos familiares de la Agricultura Cristiana*, ed. P. Juan Meseguer Fernández, B. A. E., 161 (Madrid, 1963-1964, pág. 241a. Véase también Arnold Hauser, *The Social History of Art* (New York, Vintage Books, s. a.), II, 102-103; del mismo, *Mannerism: The Crisis of the Renaissance and the Origin of Modern Art* (New York, Alfred A. Knopf, 1965), I, 29-30.

[32] El pseudónimo Christophoro Gnosopho escribía en el prólogo del *Crotalón:* "Contrahaze el estilo y inuencion de Luçiano; famoso orador griego en el su gallo: donde hablando vn gallo con vn su amo çapatero llamado Miçilo reprehendiò los vicios de su tiempo: y en otros muchos libros y dialogos que escriuió. También finge el auctor ser sueño imitando al mesmo Luçiano que al mesmo dialogo del gallo llama sueño. Y hazelo el auctor porque en esta su obra pretende escreuir de diuersidad de cosas y sin orden: lo qual es proprio de sueño: porque cada vez que despierta tornandose à

las propiedades especiales del sueño como medio de expresión visionaria y satírica y su particular capacidad para manifestar valores reales ("truth values") que se referían no sólo al pasado, sino al futuro también. Las formas que el sueño invocaba les posibilitaron enfrentarse a la realidad en nuevas maneras. La función crítica de la fantasía sómnica estribaba en su repulsión a aceptar como finales las restricciones impuestas por el principio de la realidad sobre la libertad y contento, en su repugnancia por no olvidar la posibilidad de realizar el ideal. El sueño satírico fue, y sigue siendo, un esfuerzo positivo por reconciliar las fuerzas antagónicas de la realidad humana: últimamente sueña con la reconciliación del individuo y su mundo en torno.[34]

Esto en cuanto a las causas impulsivas del motivo sómnico en la sátira que pudieron tener consecuencias en *El Diablo Cojuelo*. En cuanto a sus causas eficientes y finales, el sueño es una fácil y lograda técnica indirecta de la sátira. Los sueños revelan los secretos de la vida al hombre,[35] pero la exposición

---

dormir sueña cosas diversas de las que antes soñó" (ed. Marcelino Menéndez y Pelayo, *Orígenes de la novela*, N. B. A. E., 7, II, 119b).

[33] "Los sueños dice Homero que son de Júpiter y que él envía, y en otro lugar, que se han de creer. Es así, cuando tocan en cosas importantes y piadosas o las sueñan reyes y grandes señores, como se colige del doctísimo y admirable Propercio en estos versos:

Nec tu sperne piis venientia somnia portis:
Quum pia venerunt somnia, pondus habent.

"Dígolo a propósito que tengo por caído del cielo uno que yo tuve estas noches pasadas, habiendo cerrado los ojos con el libro del Dante, lo cual fue causa de soñar que veía un tropel de visiones. Y aunque en casa de un poeta es cosa dificultosa creer que haya cosa de juicio, aun por sueños, le hubo en mí por la razón que da Claudiano en la prefación al libro segundo del *Rapto*, diciendo que todos los animales sueñan de noche como sombras de lo que trataron de día. Y Petronio Arbitro dice:

Et canis in sominis leporis vestigia latrat.

Y hablando de los jueces:

Et pavido cernit inclusum corde tribunal."

(Quevedo, *Los Sueños*, ed. Julio Cejador y Franca, Clásicos Castellanos, 31 [Madrid, Espasa-Calpe, 1967], I, 27-28).

[34] Véase Herbert Marcuse, *Eros and Civilization* (New York, Vintage Books, 1962), págs. 127-143, donde discute la vivencia de la fantasía imaginaria.

[35] "Dios habla en el sueño a los hombres y les avisa de muchas cosas suyas y ajenas" (Fr. Luis de León, *Exposición del libro de Job* en *Obras completas*, B. A. E., 37 (Madrid, Rivadeneyra, 1872) pág. 1167. Cf. Ciruelo, ob. cit., págs. 51-53.

de esos secretos es revuelta y obscura, encubierta con *similitudines* y rodeos.[36] Su lenguaje es pictórico; predomina la imagen visual, pero es difícil comprenderla porque la distinción entre lo real y lo imaginado está reducida, si no del todo borrada. Por eso opera enteramente en el modo noético.[37] En el sueño satírico hay muy poco a que el lector puede reaccionar decisivamente, porque "el soñar no es la parte sensitiva, pues dormimos cuando soñamos, y los sentidos en el dormido no pueden hacer sus operaciones; ni tampoco es de la parte intelectual, pues soñamos cosas particulares y circunstancias que no pueden ser objetos del entendimiento, que no entiende sino las esencias de las cosas; mas ni soñamos totalmente sin sentido, porque el sueño es obra de la fantasía, como el sueño es fantasma o visión".[38] Como la frontera entre lo real y lo irreal es borrosa, y como los objetos del sueño no apelan al entendimiento, la imaginación está libre de las imágenes primarias y de la semántica, y crea otras imágenes suministradas por la percepción. De ahí el atrevidísimo metaforismo elaborado en el "grado cero", que procura al mismo tiempo eludir y aproximarse a la realidad. El mundo del sueño satírico, como aquí en *El Diablo Cojuelo,* es una evasión del empírico mundo en torno en el sentido de que simbólicamente representa la realidad, pero la realidad desarraigada de sus normales circunstancias espacio-temporales que le dieran cierto valor utilitario. Si es verdad que "la manera como nos escapamos de lo real descubre netamente nuestra realidad íntima",[39] entonces las escapadas del Diablo Cojuelo y don Cleofás en los trancos que siguen revelarán la visión del mundo de su autor, la cual, aunque no expresada en ningún juicio de valor explícito, será implícita en su anatomía de ese mundo.[40]

---

[36] Pineda, ob. cit., pág. 241b.
[37] Véase C. George Peale, "La sátira y sus principios organizadores", *Prohemio,* IV, 1-2 (1973), 201-202.
[38] Pineda, ob. cit., 242b-243a.
[39] Gaston Bachelard, *El aire y los sueños* (México, Fondo de Cultura Económica, 1958), pág. 16.
[40] "Some early satires were called 'anatomies'; the word was coined in the sixteenth century to mean first 'the dissection of a body', later 'a body anatomised' and 'a skeleton'. The satirist uses wit and analytical power as instruments of dissection, claiming the privileges of a surgeon 'to heal with morals what he hurts with wit'. This is a difficult claim to maintain,

La anatomía misma comienza cuando, al fin del Tranco I, el Diablo Cojuelo y su compañero suben a la torre de San Salvador y aquél proclama: " 'don Cleofas, deste esta picota de las nubes, que es el lugar más eminente de Madrid, mal año para Menipo en los dialogos de Luziano, te he de enseñar todo lo más notable que a estas horas passa en esta Babilonia Española, que en la confusion fue esotra con ella segunda deste nombre' " (pág. 15). Por varias razones la oración, que en realidad podría ser epígrafe de la obra, es decisiva para comprender la subsecuente determinación de la forma significativa que enmarca. En primer lugar, da a entender la actitud que Vélez sentía por el mundo que recorrería en el corto espacio de su libro. Se le semejaba un caos, peor que el caos arquetípico de nuestra civilización, un mundo desarraigado en donde ni los objetos ni las personas tienen sentido: coches que son "Vallenas con ruedas" (pág. 27); linajes que se baratean; "tias, hermanos, primos, y maridos" que se alquilan "como lacayos y escuderos, para damas de achaque que quieren passar en la Corte con buen nombre y encarecer su mercaderia" (pág. 29), etc. Aun en los momentos de aparente entusiasmo por la clase noble el efecto total de las largas retahílas de nombres de los grandes personajes caballerescos es atenuante: parecen no más que cédulas echadas en las pilas bautismales.[41] En fin, Vélez anatomiza la vida española de tal manera que nos quedamos con la imagen de un infierno terrenal. A propósito, don Cleofás acabará su visita a la casa de los locos en el Tranco III diciéndole a su guía: "— 'Vamonos de aqui, no nos embarguen por alguna locura que nosotros ignoramos, porque en el mundo todos somos locos los vnos y los otros.' —El Cojuelo dixo: —'quiero tomar tu consejo, porque, pues los Demonios enloquecen, no hay que fiar de si nadie;' —'desde vuestra primera soberuia —dixo don Cleofas— todos los estais, que el infierno

---

since even the most disinterested satire walks on the borderline between the art of medicine (dissection and surgery) and sadistic vivisection. The writer may pretend to be a detective or a spy in the service of truth, but he may be received as a voyeur, who takes psychopathic delight in discovering the secret lives of other men. It is from this point, I think that the world's resentment of satire springs; and it is often justified by it" (Hodgart, ob. cit., pág. 128).

[41] Américo Castro, *De la edad conflictiva,* segunda ed. (Madrid, Taurus, 1961), pág. 250.

es casa de todos los locos mas furiosos del mundo'". A lo cual asevera el Cojuelo, recalcando la verdad en que el estudiante había dado: " 'Aprouechado estás... pues hablas en lenguaje ajustado' " (pág. 34).

Otra razón por la cual esta oración es particularmente significativa es que revela la deuda consciente que Vélez tenía con Luciano, especialmente con su *Icaromenipo*. La situación de ambas obras es más o menos la misma: un viaje fantástico referido por dos interlocutores —un monitor y su discípulo— quienes libremente exponen y comentan la locura y los devaneos del mundo. Además de esta semejanza externa, hay otra interna en la que el influjo de Luciano es más eficiente, si no tan manifiesto: tiene que ver con el necesario disimulo satírico. [42] Luciano fue universalmente reconocido como el maestro de la sátira indirecta. Sabía mejor que ninguno disimular la sentencia grave con la burla ejemplar y las veras entretenidas. Sus diálogos fueron emulados por los grandes ingenios del Renacimiento, Erasmo, Alfonso de Valdés, Rabelais, Cervantes, Quevedo. Lope de Vega recordó la maestría del samosatense con el rodeo indirecto en la ocasión de censurar un libro de Fernández de Ribera: "El intento destos discursos es enseñar deleitando, ya sentencioso con gravedad, ya cortesano con desenfado. Desta Filosofía Moral usaron mucho los antiguos, como Apuleyo y Luciano, para que con cautela del entretenimiento, no se hiciese áspera la reprehensión". [43] En Vélez, lo mismo que en Luciano, el ideal está disimulado en la representación. Sólo en muy raras ocasiones la actitud del autor se asoma explícitamente. Su visión recae en la realidad y no en las ideas, tanto, que a un crítico se le ha ocurrido negar el afán corrector de la obra. [44] Pero por dos razones es discutible esa

---

[42] Véase Peale, art. cit., págs. 200-208.

[43] Rodrigo Fernández de Ribera, *El mesón del mundo,* ed. Carlos Petit Caro (Sevilla, Librería Hispalense, 1946), pág. 10.

[44] "La sátira punzante de Vélez de Guevara carece de afán corrector; mira al mundo como un espectáculo regocijado, extremadamente divertido, materia inagotable de observaciones agudas y chistes ingeniosos. Hereda de Quevedo el sentido caricaturesco y numerosas cualidades de estilo, pero no tiene la amargura malhumorada de su sarcasmo... El autor no moraliza: se limita a ver y pintar. El aspecto visual de la sociedad grotescamente estilizada, es lo único que le importa; no hay que pedirle, por tanto, profundidad psicológica ni normas morales" (Samuel Gili Gaya, "Apogeo y desin-

conclusión. Primero, expresa un juicio valorativo particularmente moderno que no tiene en cuenta la causa final de *El Diablo Cojuelo* en su propia época; no se fija en que para atacar algo satíricamente tiene que haber un acuerdo mutuo entre el satírico y sus lectores acerca de la calidad aborrecible del objeto de mofa, de manera que el escritor juega sobre el *ethos* de su público. Precisamente por esta razón Fr. Diego de Niseno y Fr. Juan Ponce de León vieron en *El Diablo Cojuelo* "muchas [cosas] de mucha moralidad y enseñanza" (pág. 2) que manifestaban "lo que alcançan el Arte y la malicia, y lo que por salir esta de sus limites estraga a la verdad y pureza" (pág. 3). Por otra parte, esa opinión no reconoce que la sátira opera en el modo noético y que en la literatura de este tipo la declaración abierta puede resultar contraproducente a los fines éticos a que pretende la sátira.[45] El que Vélez no declarase sino en raras ocasiones la 'moraleja' de su exposición no nos hace creer que *El Diablo Cojuelo* no sea obra satírica sin propósito ético. En efecto, me atrevería a decir que en algunos momentos la emotividad noética de *El Diablo Cojuelo* excede aun a Quevedo. Donde éste recurre a la caricatura y se detiene a menudo para contemplar dianoéticamente los objetos de escarnio, Vélez juega con el poder intuitivo de su lector. Las únicas ocasiones cuando atrae muchos detalles son aquéllas en que se detiene con motivo de disponer 'las escenas' del "teatro donde tantas figuras representan" (pág. 17). Pero aun en esos momentos, su expresión está adelgazada de tal manera que el lector reacciona intuitiva y no intelectualmente.

Trancos II y III. La Corte. Vicios y ocupaciones.

A partir del Tranco I los artículos del catálogo anatómico de la vida española —las escenas del "teatro donde tantas figuras representan"— se desarrollan en rápida sucesión. Comienza con la visión nocturna de "la carne del pastelon de Madrid"

---

tegración de la novela picaresca", *Historia general de las literaturas hispánicas*, Guillermo Díaz Plaja, ed. [Barcelona, Vergara, 1953; reimpresión 1968], III, xvii-xviii).

[45] Peale, art. cit., págs. 194-200.

(pág. 17), la enumeración de unos treinta caricatos que el Cojuelo y su discípulo acechan desde la "mayor atalaya de Madrid" (pág. 17). A la mañana siguiente (Tranco III) se bajan a las calles y recorren desde cerca los retablos del espectáculo de la Corte: la Calle de los Gestos, el baratillo de apellidos; la plaza donde se alquilan parientes como lacayos y escuderos, la pila de los dones, la casa de los locos y la ropería de abuelos. Las figuras retratadas en los Trancos II y III son síntomas sociológicos de la Ciudad (entendida en el sentido genérico), cuya existencia caótica es evocada por el rumbo y tropel de la escena y por el vigor rítmico de la prosa. Pero la exposición de los tipos en estos pasajes dista de ser arbitraria o caótica. Muy al contrario, la estructuración de las enumeraciones sigue un plan sutil y racional. Con gran perspicacia Charles Aubrun ha notado cómo las figuras de estas enumeraciones caen en dos categorías:

> A y regarder de plus près, les trente et quelques tableautins du tranco II, les quinze portraits de fous du tranco III et quelques caricatures ultérieures renvoient à des originaux de deux espèces. Ce sont d'abord le vicieux de nature, parmi lesquels figurent la femme adultère, le malade purgé agressif, le vieux vert, le menteur, le tricheur, le mari dormant à poings fermés, le furieux, le sot, la fille orgueilleuse, l'aveugle amoureux: ils sont l'objet d'un simple éclat de rire. La seconde catégorie comprend les personnages caractérisés par leur condition sociales ou leur ambition. Il y a là le petit-maitre, l'usurier, le financier étranger, l'homme de loi, le chicanier, le pauvre chevalier, le cabaretier, le marquis libertin, la fille riche, le couple vaniteux, l'apothicaire, le médecin, le barbier, le drapier (dénigré comme toujours en Espagne sous le nom de tailleur), l'alchimiste, l'astrologue, le grammarien, l'économiste, le cadet sans fortune de bonne maison. [46]

La sensata distinción de Aubrun ayuda mucho para interpretar el sentido y actitud satíricos de estos episodios. Vistos así, el carácter de los tipos de la una y de la otra categoría se pone de mayor relieve, la distinción entre ellas se hace más nítida y comprendemos mejor la relación entre el objeto satirizado, la

---

[46] Art. cit., pág. 64.

perspectiva crítica y la actitud del satírico frente a ese objeto. Todas las figuras del Tranco II se caracterizan por un habitual vicio de naturaleza, mientras que en el tranco siguiente se trata de tipos sociales o profesionales: en aquél tienden a lo moral; en éste los problemas que se enfrentan son puramente sociales. De ahí que la perspectiva de la enumeración en el Tranco II sea omnisciente, panorámica y poco específica mientras la enumeración del Tranco III es precisa y más o menos expansiva con su acumulación de pormenores, especialmente cuando trata la pila de los dones, la casa de los locos y la ropería de abuelos, porque, como dice el Cojuelo, son los más temporales del siglo (pág. 34).

Nunca diría que las preocupaciones de *El Diablo Cojuelo* sean morales o filosóficas, pero la manera en que Vélez planteó y manejó los tipos en los Trancos II y III indicaría que no era insensible a las demandas del decoro predicadero. Las sospechas de alguna preocupación moral se refuerzan cuando cotejamos el texto de Vélez con otros textos que pudieron haberle servido de modelo. Los motivos que manipula en estos trancos eran tópicos de lugar común literario desarrollado por muchos autores, de manera que corría poco o ningún peligro al enfrentar esas materias sin disimular su crítica y motejo. Pero el hecho es que sí sutilizó su exposición de los motivos que había tomado de otros textos y la razón por ello, creo, es más que un mero proceso de "singularización".[47] En las enumeraciones de los Trancos II y III la inspiración de *Los sueños* quedevescos y de *Los antojos de mejor vista* de Fernández de Ribera es bien evidente. Otra fuente verosímil, y para mí incuestionablemente un préstamo directo, es la relación del viaje fantástico en la segunda parte de *Amor con vista,* de Juan Enríquez de Zúñiga. Trátase de la relación del sueño de don Dionisio, un tipo cortesano disfrazado de pastor, quien sueña con un viaje a las regiones etéreas. Allí encuentra al dios Mercurio, quien le descubre el mundo y sus secretos: fulleros, hidalgos, locos, mezquinos, ladrones, enamorados, melancólicos, matrimonios, homicidios, alguaciles, delincuentes, poetas, escribanos, etc. El discurso se caracteriza por su expresión directa,

---

[47] Véase V. Shklovski, "El arte como artificio", *Teoría de la literatura de los formalistas rusos,* Tzvetan Todorov, ed., tr. de Ana María Nethol (Buenos Aires, Signos, 1970), pág. 60 y sigs.

y se cierra con una nota editorial que expresa la pertinencia inmediata de la exposición.[48] Vélez recogió en el Tranco II los mismos motivos, pero los desarrolló con lenguaje connotativo. Libremente dosificó su exposición con tropos metafóricos que

---

[48] Porque la obra todavía está inédita cito íntegra esa parte de la ed. príncipe (Madrid, 1625), págs. 58a-62b, que más semeja a Vélez: "Ya que por menudo has visto algunas de las cosas mas particulares, y raras de la tierra, recoge aora la vista a las ciudades, y casas, y veras en lo que se entretiene la gente. Mira aquel hombre, que despacio se està vistiendo, que de criados le sirven, que bien puesta tiene su casa, con tanta plata, y oro vesle que vfano passea, y la hinchaçon, y soberuia con que trata su gente? pues pocos dias ha, que su padre lo ganò en vna teneria, siendo vil desprecio de quantos le tratauan, y oy el oluidado de sus principios, quiere competir con la mayor nobleza, sin ayudarse de la cortesia, y buen trato, vnico remedio para estas cosas. Aquel que ves retirado en vn corto lugarejo, con vn vestido hecho a pieças, por los muchos remiendos que tiene, sin poder valer a su familia, no ha mucho que era tan rico como el passado, sino que viuio tan desordenado, y se dio tanto al juego, que ha consumido toda su hazienda. El otro, que ves muy cuydadoso desboluer papeles de vn escritorio està buscando la genealogía de vn vezino suyo, que està en prueuas de su honra sobre cierta dignidad que pretende y embidioso de su bien trabaja con todas sus fuerças en su secreta contradicion, engañandole con amoroso semblante: vicio, que muy ordinario corre en el mundo, y q̃ pocas vezes remite Iupiter su castigo para despues de sus dias. Ves vno, que anda por su casa como loco, y sale de vna pieça, ya entra en otra, y baxa la escalera, ya la torna a subir, sin quietarse en parte alguna? pues aquel es vn hombre muy rico, y tan avaro y miserable, que ni come ni viste por ahorrar, y no es tan grande el trabajo corporal, que tiene, como el del espiritu, imaginando siempre, que le roban: y el mayor tormento, que le espera en los Reynos de Pluton, es el representarle, que por no disponer con tiempo de su haziẽda, entrò en ella el pariente, que mal aborrecia, como mas cercano, destroçandole en excessos y prodigalidades. Mira aquel que se està passeando solo con tan grande melancolia, q̃ de suspiros de quando en quando leuãta los ojos, como quexandose a los Cielos de su aduersa fortuna. Vesle que parece, le congoja alguna graue pesadumbre? algun cuidado digno de sus acciones? pues no es esso, quexas son de vna muger, a quien ama, porque no le corresponde. Iuzga tu aora la locura q̃ teneis los mortales, pues en cosas tan sin fundamento y vanas poneis vuestros intentos, y el no salir con ellos, teneis por la mayor desgracia. Ves alli vna muger, que està preparando venenos, cõ q̃ dar muerte a vn hijo de su marido de otro matrimonio, porq̃ quede vno suyo por heredero de sus mayorazgos. Mira à aquella parte, con que impetuoso furor lleuan assido a vno tres o quatro: veslos, que de empellones le dan? que de malos tratamientos le hazen? pues aquellos son alguaziles, y le lleuan presso, no porque haya cometido delito alguno, sino porque se hallò cerca de vno, que le cometio, y como olieron q̃ tenia dineros, assieron del, y ansi cada vno le ya quitado por el camino lo que puede, y al cabo, quando le vengã a dar por libre, le aura costado mas que si huuiera sido el delinqẽte verda-

psíquica y noéticamente desvalorizan eso que en Enríquez y Zúñiga fue desvalorizado explícita y dianoéticamente. Vélez sutilizó la representación sensible a la vez que disimuló el aspecto moral.

Bien distinto es su tratamiento de las materias que tienen poco o nada que ver con la moralidad. Buen ejemplo de ello es la relación del hospital de los locos en el Tranco III. El episodio claramente se inspiró en *El sueño de las calaveras* de Quevedo:

> Con esto se acabó la residencia y tribunal. Huyeron las sombras a su lugar, quedó el aire con nuevo aliento, floreció la tierra, rióse el cielo, Júpiter subió consigo a descansar en sí los dichosos y yo me quedé en el valle. Y discurriendo por él oí mucho ruido y quejas en la tierra. Lleguéme por ver lo que había, y vi en una cueva honda, garganta del averno, penar muchos, y, entre otros, un letrado, revolviendo no tanto leyes como caldos; un escribano, comiendo sólo letras, que no había solo querido leer en esta vida; todo ajuares del infierno. Las ropas y tocados de los condenados estaban prendidos, en vez de clavos y alfileres, con alguaciles. Un avariento, contando más duelos que dineros; un médico pensando en un orinal, y un boticario en una medicina. Dióme tanta risa ver esto, que me des-

---

dero. Aquel que ves en aquel lado passeandose, q̃ de quando en quando se queda como suspenso, es vno, que pretende ser Poeta, y como este es vn arte, que nace con la persona, y no se adquiere por el estud[i]o, aunque se perfecciona, no ha podido salir con ello: y ansi lo que aora está haziendo, es, de vn Soneto, que hallò a su proposito, vna decima, para disfraçar el hurto, y ha tres dias que trabaja en ella, y no la ha podido acabar. Ves vno en el campo con vnos papeles en la mano, y en la otra vna compas grande, que mirando los papeles con atenciõ, luego se pone a medir la tierra? aquel trata de sacar tesoros, y ha gastado toda su hazienda en abrir, y cerrars [sic] hoyo, y sin embargo del desengaño, que tantas vezes ha visto, perseuera en su disparatada codicia, hasta dexar la vida en sus manos. Mira, que de extraordinarias figuras està habland [sic] entre si, y si le oyeras, te perecieras de risa, porque dize, que como puede ser, que pretendan los Reyes el bien de sus vassallos, si el ha ofrecido arbitrio, y modo, con que el Reyno se desempeña, y queden el el Rey, y los vassallos ricos, y que no solamente no se haze lo que dize, pero, ni aun se admite, si quiera para verlo. Y con estos disparates se está consumiendo el pobre hombre, auiendo gastado toda su vida en semejantes locuras.

"Estas, y otras muchas cosas (de que es impossible acordarme) me mostro Mercurio, y yo vi con tanta distincion, que no hazia diferencia a lo que en vosotros estoy mirando..."

pertaron las carcajadas, y fué mucho quedar de tan triste sueño más alegre que espantado.[49]

En este caso Vélez fue más prolijo con su modelo. El ritmo de su exposición y prosa es más pausado; su lenguaje es más bien denotativo; atrae más pormenores de manera que las figuras se ven desde cerca y en detalle. Libremente pudo representarlo así sin tener que disimular su crítica porque trataba a imaginarios tipos sociales, y sus juicios acerca de ellos no se comprendieran en términos ético-morales.

Trancos IV y V. Las ventas. Comedias y potencias mundiales.

En la misma manera que los Trancos II y III forman una unidad temática y estilística, los Trancos IV y V son otra unidad constitutiva de la forma anatómica y anatomística de *El Diablo Cojuelo*. Allí se trataban temas de la Corte y de la Ciudad; éstos atienden a temas de menos trascendencia, pero no menos vitales en la vida española: la afectación y desmesura literaria, y los sucesos de España en el extranjero. Además, donde la visión de los Trancos II y III era panorámica, y su desenvolvimiento enumerativo rápido y extensivo, la visión y exposición de los Trancos IV y V son escénicas. Como se trata de vivencias no tan apremiantes, los objetos se presentan más deliberadamente, y vemos su proceso y efecto sobre los presentes.

El Cojuelo y don Cleofás dejan a Madrid, "y dentro de vn minuto... y en vn cerrar de ojos" (pág. 38) llegan a Toledo, donde el demonio deja a su compañero a pasar la noche mientras va a Constantinopla para "alborotar el Çerrallo del Gran Turco" y pasar de vuelta "por los Cantones de los Esguizaros y por Ginebra a otras diligencias" (pág. 39). Con el salto de Madrid a Toledo vemos un cambio abrupto en la modalidad del ambiente escénico y estilístico. Antes, la representación estuvo completamente en el modo fantástico; los tipos fueron imaginarios si no simbólicos, y la única precisión espacial en toda la enumeración de la Corte madrileña fue la que denotó la torre de San Salvador. Especial-

---

[49] *Los sueños*, ed. cit., I, 51-52.

mente en el Tranco III, cuando la pareja descendió a las calles, se destacaron las dudas del joven oriundo de la ciudad: "preguntole don Cleofas que calle era aquella, que le parecia que no la auia visto en Madrid..." (pág. 27); "Preguntô el Estudiante a su camarada que sitio era aquel, que tampoco le auia visto..." (pág. 28); "don Cleofas le preguntò a su compañero que le dixesse que era esto, que le parecia que lo iva soñando" (pág. 29). Solamente se especificó *una* plazuela, o *un* grande edificio, o *una* calle algo dilatada. El Tranco IV, en cambio, sorprende por su exactitud empírica. El espacio es apuntado con precisión: "estauan ya de esotra parte de Ietafe en demanda de Toledo, y dentro de vn minuto en la ventillas de Torrejon, y en vn cerrar de ojos a vista de la puerta de Visagra, dexando la Real fabrica del Hospital de afuera a la derecha mano... llegauan al barrio que llaman de la sangre de Christo y al meson de la Seuillana, que es el mejor de aquella Ciudad" (págs. 38-39). Dejado solo a trasnochar allí, Cleofás entra en el mesón, y por primera vez en la narración se puntualiza una escena que es completamente mimética. Es decir, aunque el tono será satírico-burlesco, el episodio se desarrolla en un ambiente realista. El estudiante cena con unos soldados y les refiere las noticias de la Corte. Después de la comida se retiran a sendos aposentos y la venta se queda en silencio hasta las dos de la mañana, cuando alguien da voces de que hay fuego. Después del calamitoso escape, los huéspedes descubren al poeta loco, lo que provee el motivo de la sátira de la comedia de ruido y de los abusos del decoro teatral. La situación del episodio fue tópico favorito de los satíricos españoles. En esta escena de Vélez de Guevara la inspiración de Cervantes y Quevedo es evidente.[50] A propósito, el incidente parece estar tomado del caso referido por Quevedo en el capítulo XXII de la *Historia de la vida del Buscón*:

> Sucedióme un día la mejor cosa del mundo, que, aunque es en mi afrenta, la he de contar. Yo me recogía en mi posada, el día que escribía comedia, al desván, y allí me estaba y allí comía; subía una moza con la vianda, y dejábamela allí. Yo tenía por costumbre es-

---

[50] Véase Cepeda y Rull, *El Diablo Cojuelo*, págs. 16, 151-152; Bonilla, *El Diablo Cojuelo* (1910), págs. 178-179.

cribir representando recio, como si lo hiciera en el tablado. Ordena el diablo que, a la hora y punto que la moza iba subiendo por la escalera —que era angosta y obscura—, con los platos y olla, yo estaba en un paso de una montería, y daba grandes gritos componiendo mi comedia y diciendo:

¡Guarda el oso, guarda el oso,
que me deja hecho pedazos,
y baja tras ti furioso!

¿Qué entendió la moza —que era gallega—, como oyó decir "baja tras ti"? Que era verdad, y que la avisaba; va a huir, y con la turbación písase la saya, rueda toda la escalera, derrama la olla y quiebra todos los platos, y sale dando gritos a la calle, diciendo que mataba un oso a un hombre. Por presto que yo acudí, ya estaba toda la vecindad conmigo, preguntando por el oso; y contándoles yo cómo había sido ignorancia de la moza —porque era lo que he referido de la comedia—, no lo querían creer. [51]

El título de la comedia que el loco componía, *Troya abrasada*, trae a memoria una comedia del mismo título en que colaboraron Pedro Calderón de la Barca y Juan de Zabaleta. Las posibles relaciones entre Vélez de Guevara y esta colaboración fueron estudiadas por George T. Northrup, quien concluyó que el desafortunado dramaturgo de *El Diablo Cojuelo* es satirizado como un tipo, y que Vélez no pensaba en nadie en particular cuando lo retrató. Le parece inverosímil que el original del retrato fuese Calderón, pero que en ciertos respectos indudablemente sugiere a Zabaleta. [52] En cambio, considera que la alusión a *Troya abrasada* sí se debe a la composición o a la producción de la obra de Calderón y Zabaleta al mismo tiempo que Vélez escribía esta parte de su obra. [53] Pero aun sin estos datos referenciales, lo cierto es que el episodio anatomiza otro aspecto vital de la vida española y demuestra cómo las artes no eran menos susceptibles

---

[51] Ed. Américo Castro, Clásicos Castellanos, 5 (Madrid, Espasa-Calpe, 1960), págs. 245-246.
[52] Cf. Bonilla, *El Diablo Cojuelo* (1910), pág. 233.
[53] Véase George T. Northrup, ed., "*Troya abrasada*", RH, XXIX (1913), 211-217.

a la locura que cualquier otro elemento de aquella "Babilonia Española".

A la mañana siguiente (Tranco V) Asmodeo vuelve a Toledo y recuenta el itinerario de su viaje nocturno: Constantinopla, los Cantones, Ginebra, Venecia, Roma, Florencia, Milán, Génova, Vinaroz, los Alfaques, Valencia, la Mancha y Madrid, y con ello anatomiza otra vivencia española: sus preocupaciones e intereses en el extranjero. La exposición pone a contribución otro tópico de lugar común no sólo literario, sino también vivencial: el Gran Giro.

Para todo renacentista, el viaje era motivo de enriquecimiento interior, de adquisición de sabiduría. En todo plan educativo de la época el viajar era un procedimiento de perfeccionarse. En la época del Cardenal Cisneros los estudiantes más aptos fueron mandados al Colegio de Bologna para acabar sus estudios universitarios, y solían pasar muchos años en Italia antes de regresar a España. [54] Bajo Felipe II había un disgusto general por lo extranjero. El monarca, en 1559, decretó prohibido el estudio fuera del país. Las personas que habían viajado mucho se hicieron sospechosas. Los grandes humanistas ortodoxos como Carranza, Azpilcueta y Arias Montano fueron reprobados públicamente por haber pasado largas temporadas a su vez en Inglaterra, Francia e Italia. [55] Esta rigurosa actitud 'tibetanizante' se ablandó en el último cuarto del siglo XVI, y al comienzo de los Seiscientos las fronteras españolas estuvieron abiertas otra vez. Con ello renació la educación cosmopolita. La nueva actitud liberalizada fue expresada con claridad por Cervantes, quien afirmó, en *El Licenciado Vidriera*, que "las luengas peregrinaciones hacen a los hombres discretos", y repitiendo esta idea volvió a decir en el *Coloquio de los perros* que "el andar tierras y comunicar con diversas gentes hace a los hombres discretos". [56] También Tirso de Molina concedía gran importancia a los viajes. "No es hombre quien de su tierra no sale", dice en *Ventura te dé Dios*, pensamiento que desarrolla en *El amor médico*:

---

[54] Véase Aubrey F. G. Bell, *Luis de León: A Study of the Spanish Renaissance* (Oxford, Clarendon Press, 1925), pág. 17.
[55] Ibíd., pág. 49.
[56] *Novelas ejemplares*, ed. Francisco Rodríguez Marín, Clásicos Castellanos, 36 (Madrid, Espasa-Calpe, 1965), II, 17.

> Huélgome infinito yo
> de veros por esta tierra;
> que el que en la suya encierra
> y nunca se divirtió
> en las demás no merece
> de discreto estimación.
> Historias los reinos son,
> y el que verbos apetece,
> estudiando en la experiencia
> que a tantos renombre ha dado,
> vuelve a casa consumado
> y es para todo.[57]

Pero no obstante esa actitud más liberal hacia lo foráneo, los países extranjeros no dejaron de evocar exotismo y misterio en el público español. De ahí que las alusiones a los países remotos fuesen tan sugestivas y que los libros de viajes gozaran de tanta popularidad.[58]

En el siglo XVI se hizo frecuente el Gran Giro, costumbre que había de durar en Europa hasta el siglo XIX. Consistía en un itinerario por las capitales europeas con el fin de completar la educación caballerosa del joven noble o burgués. Se comprende la naturaleza de esta costumbre en la relación de la gira de Eward Stanhope, inglés, hecha a mediados del siglo XVIII. Aunque viene muy posterior a la época que estamos considerando, ilustra bien la vivencia del Gran Giro: "The five years of young Stanhope's travel were carefully distributed as follows: a year in Lausanne, for the rudiments of languages; a year in Leipsic, for a thorough grounding in history and jurisprudence; a year spent in visits to such cities as Berlin, Dresden and Vienna, for a view of the different courts; one in Italy, to get rid of the manners of Germany; and one in Paris, to give him the final polish, the supreme touch, of gentlemanly complaisance, politeness and ease".[59] La costumbre del Gran Giro nunca tuvo el

---

[57] NBAE, VI, 289b apud Américo Castro, "Prólogo" a Tirso de Molina, *Comedias*, séptima ed., Clásicos Castellanos, 2 (Madrid, Espasa-Calpe, 1963), págs. x-xi.

[58] Véase Américo Castro, "Noruega, símbolo de la oscuridad", *RFE*, VI (1919), 184; también Jess Lee Gerding, "Spanish Travel Fiction in the *Siglo de Oro*", tesis inédita, Univ. de Texas (Austin, 1957).

[59] Clare Howard, *English Travellers of the Renaissance* (New York, Burt Franklin, 1914; reimpresión 1968), pág. 172.

apego entre los españoles como en las otras sociedades, pero en la literatura sí se manifestó en distintas maneras: la peregrinación de Persiles y Segismunda, por ejemplo, o las andanzas de Estebanillo González.

Uno de los tópicos más populares que atañía al Gran Giro fue la gira diabólica como la que tenemos en el Tranco V de *El Diablo Cojuelo*. El pasaje desde luego no carece de precedentes. Se parangona fácilmente con la tradición lucianesca, pero sorprende especialmente la semejanza que guarda con la relación del vuelo de Faustus y Mephistophilis en *The Tragical History of the Life and Death of Doctor Faustus* del dramaturgo inglés, Christopher Marlowe (de hecho, según los folkloristas y demonólogos, Mephistophilis y nuestro Diablo Cojuelo se relacionan directamente en el árbol genealógico de los demonios):

FAUSTUS:

> Having now, my good Mephistophilis,
> Passed with delight the stately town of town of Trier,
> Environed round with airy mountain tops,
> With walls of flint, and deep entrenched lakes,
> Not to be won by any conquering prince;
> From Paris next, coasting the realm of France,
> We saw the river Main fall into Rhine,
> Whose banks are set with groves of fruitful vines;
> Then up to Naples, rich Campania,
> Whose buildings fair and gorgeous to the eye,
> The streets straight forth and paved with the finest brick,
> Quarters the town in four equivalents.
> There saw we learnèd Maro's golden tomb,
> The way he cut, an English mile in length,
> Through a rock of stone in one night's space.
> From thence to Venice, Padua, and the rest,
> In midst of which a sumptuous temple stands,
> That threats the stars with her aspiring top,
> Whose frame is paved with sundry colored stones,
> And roofed aloft with curious work in gold.
> Thus hitherto hath Faustus spent his time.
> But tell me now, what resting place is this?
> Hast thou, as erst I did command,
> Conducted me within the walls of Rome?

MEPHISTOPHILIS:

I have, my Faustus, and for proof thereof
This is the goodly palace of the Pope;
and 'cause we are no common guests,
I choose his privy chamber for our use.

FAUSTUS:

I hope his holiness will bid us welcome.

MEPHISTOPHILIS:

All's one, for we'll be bold with venison.
But now, my Faustus, that thou may'st perceive
What Rome contains for to delight thine eyes,
Know that this city stands upon seven hills
That underprop the groundwork of the same.
Just through the midst runs flowing Tiber's stream,
With winding banks that cut it in two parts,
Over the which four stately bridges lean,
That make safe passage to each part of Rome.
Upon the bridge called Ponte Angelo
Erected is a castle passing strong,
Where thou shalt see such store of ordinance
As that the double cannons, forged of brass,
Do match the number of the days contained
Within the compas of one complete year;
Beside the gates and high pyramidès
That Julius Caesar brought from Africa

FAUSTUS:

Now, by the kingdoms of infernal rule,
Of Styx, of Acheron, and the fiery lake
Of ever-burning Phlegethon, I swear
That I do long to see the monuments
And situation of bright-splendent Rome.
Come, therefore, let's away. [60]

---

[60] *The Complete Plays of Christopher Marlowe*, ed. Irving Ribner (New York, Odyssey Press, 1963), págs. 378-380.

Aunque la posibilidad de que Vélez conociera de primera mano el *Doctor Faustus* es remota, no puede estar absolutamente fuera de consideración. Nuestro poeta conoció a varios ingleses que llegaban a la Corte española, [61] y es posible que de ellos supiera de la obra de Marlowe.

La relación de la gira del Diablo Cojuelo trae alusiones a temas que preocupaban mucho a la nación: los sucesos del Gran Turco, el movimiento protestante, las Indias, el comercio ginovés, etcétera. El encuentro con los cuatro extranjeros en Sierra Morena que sigue al recuento del Cojuelo especifica esos temas y pone de relieve los prejuicios nacionales que avivaban las batallas en los Países Bajos y en otros frentes. Pone cara a cara a los cinco partidos que entonces guerreaban. El encuentro pronto acaba en un embrollo violento, de manera que presenciamos la Guerra de Flandes en miniatura.

El episodio de la compañía de actores da fin al Tranco V y reanuda la sátira de los abusos del buen gusto teatral. En el tranco que precede se satirizaron los excesos afectados de los dramaturgos; ahora la mofa es dirigida al poco talento y a la insensatez de los actores. La compañía quiere ensayar una comedia de Claramonte, pero al comenzar el ensayo, dos actrices de malas pulgas se echan a palotear, y la escena decae calamitosamente. No sólo la compañía, sino también la obra misma es literalmente deshecha por la refriega: se quedó "abrasando la compañia que fuera vn Roncesvalles del molino de papel si el ventero no llegara con la Hermandad" (págs. 56-57). [62]

---

[61] Véase Francisco Rodríguez Marín, "Cinco poesías autobiográficas de L. V. de G.", *RABM*, XIX (1908), 62-78; también J. Gómez Ocerín, "Un soneto inédito de Luis Vélez, *RFE*, III (1916), 69-72.

[62] "Esta expresión —dice Rodríguez Marín— es una de las más malas de entender que hay en *El Diablo Cojuelo*, con haber otras muy oscuras y difíciles. Por lo de Roncesvalles alude a la memorable batalla en que nuestro Bernardo del Carpio derrotó a los franceses y en que murieron los doce pares de Francia. *Molino de papel* se llama al edificio donde, para fabricarlo, se comienza por moler y reducir a pasta los trapos de que se hace. ¿Habría *en Roncesvalles* cuando se escribió *El Diablo Cojuelo*, o poco antes, algún *molino de papel?* Porque si se averiguara que lo hubo, sería fácil entender la afirmación, ya claramente burlona, de que la venta, a no llegar el Ventero con la Hermandad, habría sido *un Roncesvalles del molino de papel;* esto es, una parodia de la batalla de Roncesvalles" (*El Diablo Cojuelo*, pág. 107, n. 6).

En resumen, el impulso mimético es completamente distinto en los Trancos II y III del de los Trancos IV y V, y este impulso se manifiesta en distintos estilos. En los primeros Vélez se apegaba al estilo visionario a lo Quevedo, Polo de Medina, Fernández de Ribera, Enríquez y Zúñiga y otros; en éstos es manifiesta su deuda con los realistas como Cervantes y el Quevedo del *Buscón*, particularmente a aquél, aunque es de advertir que nuestro poeta se sirvió directamente de *La hora de todos* en el episodio de los extranjeros. Cepeda y Rull han notado en estos trancos un espíritu cervantino y alguna coincidencia de expresiones que prueban la imitación consciente de Vélez,[63] lo que para mí es incuestionable. El Mesón de la Sevillana recuerda *La ilustre fregona*; el ventero en no poco se parece al que armó a don Quijote; en algo parece el vuelo de Asmodeo al episodio de Clavileño; el encuentro con los actores guarda relación con el carro de la Muerte; y en general el ambiente mesonero semeja a los que Cervantes creó en muchas ocasiones en el *Quijote* y en las *Novelas ejemplares*.

Tranco VI. Andalucía. Ciudades y solares.

En el momento en que los dos caminantes salen del ámbito castellano hay un cambio fundamental en el tenor de la narración. Lo que antes fue sátira aguda se convierte en comprometida exposición esteticista. El Vélez cortesano aparentemente ha triunfado del satírico y aprovecha para repartir menudas lisonjas a fin de ganar amistades y protecciones. Sin excepción, la crítica ha juzgado éste y los trancos que siguen como defectuosos y faltos de valor crítico. Pero si miramos las secuencias enumerativas de los Trancos VI-X más bien como unidades literarias que no espacia-

---

En esto tenemos otro caso de la "tristeza del positivismo" de que habló Pedro Salinas en alguna ocasión. No hace falta averiguar si hubiera un molino en Roncesvalles, ni mucho menos, para comprender el sentido de esta expresión. Lo de Roncesvalles, claro está, se refiere por analogía al alboroto; "el molino de papel" metonímicamente da a entender que se deshacía y se molía el manuscrito de la comedia, cuyas hojas volaban por todas partes, lo cual refuerza el caos visual de la escena.

[63] *El Diablo Cojuelo*, págs. 16, 151-152.

les o sociales, aprehenderemos una consistencia e integridad estructural que está completamente acomodada al primer propósito de esta forma significativa, que es rendir una visión total de la España histórica y vivencial de hacia los años 1635-1640. Veremos que cada episodio se presenta a través de un estilo literario o retórico particular, de manera que Vélez completa su catálogo literario al mismo tiempo que anatomiza la vivencia de las principales corrientes de la literatura y retórica en aquellos tiempos.

El Tranco VI corresponde al Tranco I en el sentido de que estilísticamente ambienta y prepara los capítulos que siguen en la misma manera que el Tranco I estableció la vena satírica que predomina en los cinco trancos que han precedido. Proporciona una visión diagramática de Andalucía —Adamuz, Alcolea, Córdoba, Écija, Montilla, Lucena, Cabra, Osuna, Granada, Guadix, Palma, Ville de Fuentes, Marchena, Villanueva del Río, Carmona— cuya suma, junto con los calurosos elogios de no menos de veinticinco solares y las referencias a los grandes literatos como Séneca, Lucano, Góngora, Mira de Amescua y Garci Sánchez de Badajoz, evoca la imagen de un bello paisaje que es sede perenne de refinamiento y buen gusto cultural.[64] Lo que a primera vista parece un salto repentino del medio realista del Tranco V al medio idealizado del Tranco VI en realidad no lo es tanto. El traslado psíquico y espacial es efectuado sutil y verosímilmente por un breve plazo transicional. Se abre en la misma vena que caracteriza los trancos anteriores, divertidamente equiparando la pareja a "camaleones de alquiler". Sigue luego una gradación ascendente que prepara y conduce a la imagen idealizada de Andalucía, ensalzando primero a su estado noble y después al campo propio. La gradación se acentúa por los epítetos superlativos, "Nouilissimo... Ilustrissimo... fertilíssimo" (pág. 59), y se destaca especialmente porque hasta el momento los superlativos han sido muy infrecuentes y aquí aparecen casi seguidos. El ascenso psíquico se realiza sobre el concomitante movimiento

---

[64] Distingo, de acuerdo con Roman Jakobson (art. cit., pág. 21-37), entre *imagen*, cuyo signo representa las cualidades sencillas del significado, y *diagrama*, cuya semejanza entre signo y significado consiste sólo en la relación entre sus partes. En ambos casos se trata de *lenguaje icónico*, que juega sobre la semejanza objetiva entre el signo y el significado. Véase también Robert M. Browne, art. cit., págs. 1-17.

horizontal en el espacio expresado por gerundios vinculados a las especificaciones de lugar: "tragando leguas de aire... auian passado a Adamuz... Y auiendose sorbido los siete vados y las ventas de Alcolea, se pusieron a vista de Cordoua..." La vista panorámica que sigue a continuación se orienta en torno a dos puntos cardinales, Córdoba y Écija. La descripción de estas ciudades agrega una nueva dimensión a la obra: atrae al estilo culterano como el que ejercitaban Góngora y tantos imitadores suyos. La imagen evocada de las dos ciudades, como la que creará luego de Sevilla, realmente es un destello lírico digno de contarse con lo mejor del arte descriptivo del siglo XVII:

> ...se pusieron a vista de Cordoua por su fertilissima campiña y por sus celebradas dehessas gamenosas, donde nacen y pazen tantos brutos hijos del Cefiro, mas que los que fingio la antiguedad en el Tajo Portugues; y entrando por el Campo de la Verdad... a la Colonia y populosa Patria de los Senecas y vn Lucano y del Padre de la Poesia Española, el celebrado Gongora, a tiempo que se selebrauan fiestas de toros aquel dia y juego de cañas, acto possitiuo que mas excelentemente Executan los Cauallleros de aquella Ciudad,...
>
> (pág. 59)

> —"esta es Ezija, la mas fertil poblacion de Andaluzia—dixo el Diablillo—que tiene aquel sol por armas a la entrada de essa hermosa puente cuyos ojos rasgados lloran a Genil, caudaloso rio que tiene su solar en sierra Neuada, y despues, haziendo con el Darro maridage de cristal, viene a calçar de plata estos hermosos edificios y tanto Pueblo de Abril y Mayo; de aqui fue Garci Sanchez de Badajoz, aquel insigne Poeta Castellano, y en esta Ciudad solamente se coge el algodon, semilla que en toda España no nace, ademas de otros veinte y quatro frutos, sin sembrallos, de que se vale para vender la gente necessitada;
>
> (págs. 62-63)

Que Vélez encajara el comprometido estilo culterano en la que hasta ahora ha sido narración satírica es problemático y admite varias posibilidades de interpretación. Estos momentos esteticistas se han interpretado por algunos como un esfuerzo de alejarse de la realidad alzándose a esferas sublimes donde la bella forma purifica las imperfecciones de la naturaleza.[65] De otra parte, se ha escrito que estas descripciones revelan no sólo la postura estimativa del autor ante esas ciudades, sino también su vivencia personal de las mismas, y que la expresa mediante la recreación viva, pero verosímil, de la atmósfera urbana.[66] A mi juicio, tanto el texto del Tranco VI como algunas consideraciones extratextuales corrobora más la segunda interpretación. Convengo con aquélla en cuanto el estilo culterano purifica y eleva la realidad, pero no es para alejarse de ella. Al contrario, Vélez se recrea en el ambiente andaluz, particularmente en Écija, y su goce en él está indicado en varios elementos estilísticos.[67] Donde antes la preocupación del poeta era presentar satíricamente a varios sectores en sus actividades características, aquí se descansa en las buenas cualidades de los espacios en que se fija. Insiste en ellas mediante el epíteto alabancero o en forma de la expansiva cláusula subordinada o antepuesta al sujeto modificado, como en la descripción de las ciudades, o la enumeración de los claros varones andaluces. Esta perspectiva ante las cosas presupone una actitud desocupada y contemplativa por parte del autor y se manifiesta latentemente en la textura de su prosa. No hay, por ejemplo, nexos. El ritmo de la prosa y de la presentación de unidades anatomísticas parece más pausado que antes. Aunque las oraciones están elaboradas hipotácticamente, el conjunto se extiende derechamente y no hay dificultad en comprenderlas, lo cual nos daría a entender el solaz —interesado, desde luego— que Vélez sentía ante esos objetos. Su descansada vivencia de Andalucía surge patentemente en la trama cuando el Cojuelo y su compañero se paran a pernoctar cerca de Carmona en un verdadero *locus amoenus*, que es descrito, muy a lo Góngora, como un " '... pradillo junto a este arroyo, espejo donde se estan tocando las Estrellas, porque aguardan a la madrugada visita del Sol, gran Turco de todas essas señoras' " (pág. 67). En este escenario se descansan sin preocupaciones, y por primera vez —será la única

---

[65] Muñoz Cortés, art. cit., págs. 74-75.
[66] Joseph L. Laurenti, *Estudios sobre la novela picaresca*, Revista de Literatura, Anejo 29 (Madrid, C.S.I.C., 1967), pág. 32.
[67] Recuérdese que el índice funciona principalmente por virtud de la contigüidad objetiva y existencial entre el signo y el significado. Véase la nota 2 arriba.

vez— el proceso de la trama está suspendido. Desocupados por un rato de la sociedad y de sus cuidados inmediatos, sus perseguidores, contemplan la trascendencia del orden cósmico. Con ello involucran y anatomizan con gracia otro artículo en la exposición enciclopédica de la España vivencial: la cosmología copernicana. [68]

Al decir esto acerca del contemplativo estilo culterano no quiero decir que en la evocación de Andalucía falten por completo elementos satíricos. Desde luego los hay, pero su tono y modo en mucho difieren de los trancos que preceden. La sátira se desarrolla en dos episodios en el Tranco VI, los cuales corresponden a los señalados puntos cardinales del capítulo, Córdoba y Écija. Cada episodio es motivado a su vez por el protagonista que por su naturaleza es más a propósito para ser agente del enredo. El primero es la práctica de esgrima en la Plaza de la Corredora en Córdoba, donde don Cleofás, siendo "cauallero vracan" de "broquel y espada", se mete con el maestro de esgrima y escandaliza a todos los presentes con su resolución y ademán de castellano. En el otro episodio satírico Asmodeo mete cizaña a unos ciegos en la plaza central de Écija porque éstos acabaron un romance con una letrilla contra él. Estos episodios no tienen nada de la virulencia de los primeros trancos. La razón de ello es que aquí la sátira juega sobre motivos literarios cuya ocurrencia punzante originalmente tuvo consecuencias graves, pero que por los años de la composición de *El Diablo Cojuelo* ya se tenían por lugar común. En el contexto presente sólo pretextan efectos cómicos. Al comenzar cada episodio, Vélez declara cuáles son los motivos inspiradores: la sátira de Quevedo contra Luis Pacheco de Narváez en *La vida del Buscón;* y algún romance de don Álvaro de Luna, seguido, como era costumbre, de una letrilla jocosa contra los demonios. [69] Como sus lectores ya estuvieran

---

[68] Otis H. Green cita este episodio en su discusión de la problemática de la ciencia copernicana para demostrar que las investigaciones de Galileo no causaron ninguna disquietud en España y que los españoles, a pesar de que daban por sentada la noción del universo geocéntrico, aceptaron sin inconveniente muchos de los descubrimientos del astrónomo italiano. Véase *Spain and the Western Tradition* (Madison, Univ. of Wisconsin Press, 1964), II, 51-52.

[69] En su anotación de este pasaje, Rodríguez Marín cita los siguientes versos de Rojas Zorrilla para comprobar la práctica de concluir un romance con una letrilla contra el Diablo Cojuelo:

familiarizados con esas sátiras, la tensión ética de que depende la sátira estuvo disipada, y el lector, ya no movido en un ápice, mejor apreciaría como cómicos la reacción de la gente a la actuación de los protagonistas y los retruécanos con que aquellas situaciones están narradas.

La recreada vivencia del paisaje y nobleza andaluces iniciada por el texto mismo —el estilo culterano, la textura sintáctica de la prosa, la disipación de la tensión satírica— se comprueba por algunas consideraciones extra-textuales. Vélez escribía de su patria chica: nació en Écija; fue educado en Osuna; y sirvió a varios señores andaluces antes de entrar a la Corte Real. La vivencia de Andalucía debió de afectarlo profundamente, a juzgar por su canon dramático. Varias de sus obras más celebradas, como *El diablo está en Cantillana, La luna de la sierra, La niña de Gómez Arias, Los novios de Hornachuelos, La serrana de la Vera* y *Más pesa el Rey que la sangre*, se inspiraron en leyendas o historias andaluzas. No cabe duda, entonces, de que tanto en su teatro como en su narrativa Vélez se esmeró en destilar su arte poética en los momentos donde quería recrear el vivo color escénico y musical de su país natal, hecho que le mereció el apodo de "el poeta andaluz".

En fin, el Tranco VI anatomiza más sectores espaciales y sociales de la realidad española en aquella época, pero la postura estimativa del autor ante ellos y la modalidad de su expresión son radicalmente diferentes de lo que tuvieron antes. Debido a ello, la secuencia no se cuadra bien con el intento satírico del conjunto

> COSME: Para un ciego en verso y prosa
> era "relación famosa
> "(diciendo a voces) que trata
> "como, dando testimonio
> "de corazón paladín,
> "un mancebo florentín
> "peleó con el demonio,
> "y, haciendo a su ardor lisonjas,
> "a arrojarle se dispuso
> "por una escala que puso
> "a un monasterio de monjas;
> "y después, dando en el suelo
> "volvió a acometello bravo;
> "con un villancico al cabo
> "contra el Diablillo Cojuelo."

(*El más impropio verdugo por la más justa venganza*, jorn. I apud *El Diablo Cojuelo*, pág. 121, n. 15).

en que los críticos han insistido desde hace años. Pero además de la presentación del paisaje y nobleza andaluces, anatomiza también la vivencia del culteranismo literario, del que Vélez se aprovechó para expresar su complacencia en su patria chica y en los señores de quienes esperaba medrarse. El ambiente cortesano evocado por el estilo culterano en el Tranco VI se mantendrá en subsecuentes trancos con otros estilos literarios, asimismo cortesanos. Uno se anuncia a la conclusión del capítulo, cuando el estruendo de los clarines y cabalgaduras de la casa de la Fortuna le sobresalta al medio dormido Cleofás, introduciendo así otro artículo en el catálogo literario en forma de un nuevo impulso mimético en la narración: la alegoría.

Trancos VII y VIII. Ostentación de este mundo y del otro.

Por varias razones veo los Trancos VII y VIII como una unidad temática y estructural que a su vez corresponde más o menos a los Trancos II y III. La virtualidad de esta secuencia de enumeraciones en el conjunto de la forma significativa hasta ahora ha permanecido ignorada por la crítica. De hecho, los investigadores han mirado estos pasajes con franco desdén. Cepeda y Rull, por ejemplo, en su edición pusieron esta nota al comienzo de la sección: "Hay que señalar que la abusiva enumeración de nobles y poderosos que hace el poeta en este capítulo y en el siguiente, no puede tener verdadero valor crítico y no resiste una objetiva y seria consideración positiva o negativa. Vélez, como cualquier escritor de la época, escribió elogios a nobles que entraban dentro un quehacer rutinario y 'profesional' del poeta".[70] A mi parecer, éste y semejantes juicios de otros comentaristas son excesivamente severos, porque el verdadero interés de la obra no es la historia de las escapadas del Diablo Cojuelo y don Cleofás, sino los sectores espaciales y sociales que éstos enfrentan. Vistas a esta luz, considero que la relación de la casa de la Fortuna y la pormenorizadísima descripción de Sevilla en el Tranco VII, así como la revista de los grandes del Tranco VIII, no sólo resisten la consideración objetiva y seria, sino que de hecho tienen real valor crítico. En

---

[70] *El Diablo Cojuelo*, pág. 179, n. 1.

la pompa y circunstancia de la casa de la Fortuna Vélez anatomiza una de las más antiguas tradiciones literarias de la civilización occidental, y al mismo tiempo expresa su propia vivencia ante la realidad en que vivía. No obstante la nota perjudicada con que encabezaron el capítulo en su edición, los dichos editores han realizado en su estudio preliminar un excelente análisis de la tradición de la Fortuna que llegó a Vélez de Guevara y su tratamiento de ella en El Diablo Cojuelo.[71] Resumo su discusión a continuación.

En su visión de la Fortuna, Vélez no recoge la moralización de tipo estoico, ni tampoco confunde a la Fortuna con Dios. Concibe a la Fortuna más bien como una fuerza mediatizadora de los valores reales y como implicadora de profundo desorden social. En ello hay una apreciación que implica a los mismos hombres y a las circunstancias histórico-sociales en que vivían. Su concepción se manifiesta en forma de la inversión de extremos términos políticos y éticos. La Fortuna escoge a "lo peor", como dice don Cleofás, para ser los potentados, príncipes y grandes señores del mundo. Son lo peor porque ellos mismos ayudan a la Fortuna a crear una realidad injusta (su fisonomía revela la calidad de su regencia: "los mas son corcobados, coxos, mancos, caluos, narigones, tuertos, çurdos y valbucientes" [pág. 72]). Montan sobre los filósofos como si éstos fueran caballos, y son servidos por "los mayores ingenios que ha tenido el mundo" (pág. 72) desde Homero hasta Camões, quienes no pasan de ser lacayos. Pitágoras, Diógenes, Aristóteles, Platón y otros que se dedicaron a buscar las verdades esenciales del universo son esclavos de los que por profesión contrahacen la verdad, los contadores, los tesoreros, los escribanos de raciones, los administradores, los historiadores, los letrados, etc. Los soldados, capitanes, abogados, artífices y profesores de ciencias son como "esbirros de la injusticia" que, como ya no pueden depender de su talento profesional para ganarse la vida, tienen que perseguir a la Esperanza mal vestidos, hambrientos, desesperados y enajenados ("con la confusión no se entienden los vnos a los otros, ni los otros a los vnos" [pág. 75]). Paradójicamente, los motivadores de caos e injusticia se representan como fiscales burocráticos: los escogidos de la Fortuna son

---

[71] Ibíd., págs. 47-62.

reyes (príncipes y grandes señores) y jueces (potentados); los salvajes mentideros son sus agentes; y aquellos que se guían por las opiniones generales y que no piensan ni deciden por su propio alcance son como corchetes de la Fortuna. Esto, junto con la representación de la justicia al comienzo del Tranco I (págs. 9-10) y la relación del sistema judicial del Infierno al comienzo del IV (págs. 37-38), reanuda la terrible acusación de la justicia española, que para Vélez es una fuerza infernal en la Tierra, ciega y fatal como la Fortuna. En una palabra, Vélez presenta bajo guisa satírico-alegórica una visión de su sociedad, en donde las ideas y valores positivos han sido desplazados por las damas más preciadas de Fortuna, Necedad, Mudanza, Lisonja, Hermosura, Envidia, Ambición, Avaricia, Usura, Simonía, Invención y Hazañería. Es últimamente la misma visión de la sociedad que expresó en los trancos II y III, pero aquí es manifestada en términos de sus causas motivadoras, donde antes se manifestaba en términos de sus efectos sintomáticos.

Para Cepeda y Rull la peculiaridad especial de Vélez en su visión de la Fortuna es justamente su crítica social, particularmente la de los estratos más altos y poderosos de la sociedad. A mi juicio, esa conclusión es algo equivocada en vista de que la alegoría satírica como vehículo de crítica social en un medio cortesano era un tópico muy de moda en aquella época. Cervantes se sirvió de él en la Segunda Parte del *Quijote,* en la procesión nocturna tramada por los duques; fue desarrollado por Enríquez de Zúñiga en *Amor con vista;* en *El mesón del mundo* Fernández de Ribera elaboró el motivo extensivamente con no pocas pulgas dirigidas a la clase alta; Quevedo estructuró *La hora de todos y Fortuna con seso* en torno al mismo. Dentro de la armazón común del procesional alegórico todas estas obras procuran lograr efectos morales, satíricos, cómicos o críticos en distintas proporciones, y de un modo u otro *El Diablo Cojuelo* en algo se parece a cada una de ellas. Sería extremado decir que Vélez las imitase conscientemente cuando componía este episodio, pero sí cabe decir que conscientemente manejaba un tópico literario de lugar común y que anatomizaba la vivencia crítica, aunque no particularmente suya, que ese tópico podía expresar en su época.

La visión de la Fortuna termina al amanecer del día siguiente (es importante recordar que la visión sobrenatural es nocturna y que ocurre entre sueños).[72] El Cojuelo y don Cleofás suben a la "atalaya de Andalucía" (pág. 76), la celebrada venta de Peromingo el Alto, donde la claridad del día les descubre la extremada belleza de Sevilla y sus alrededores:

> Admirò a don Cleofas el sitio de su dilatada población y de la que hazen tantos diuersos vageles en el Guadalquiuir, valla de cristal de Seuilla y de Triana, distinguiendose de mas cerca la hermosura de sus edificios, que parece que han muerto Virgenes y Martires, porque todos estan con palmas en las manos, que son las que se descuellan de sus peregrinos pensiles, entre tantos cidros, naranjos, limones, laureles y cipreses: Llegando en breue espacio a Torreblanca, vna legua larga desta insigne Ciudad, desde donde comiença su Calçada y los caños de Carmona, hermosissima puente de Arcos por donde entra el rio Guadaira en Seuilla, cuya hidropica sed se le bebe todo, sin dexar apenas vna gota para tributar al mar, que es solamente el rio en todo el mundo que està priuilegiado deste pecho, haziendo mayor la belleza desta entrada infinitas granjas por vna parte y por otra, que en cada vna se cifra vn jardin terrenal, graniçando azahares, mosquetas y jazmines Reales.
>
> (págs. 76-77)

Entran luego en Sevilla, y van "hilbanando calles" (pág. 77), el Candilejo, la Calle de Abades, la Borceguinería, el Atambor y las calles del Agua, lo que les ocasiona enumerar los más famosos monumentos y familias de la ciudad. Toman posada en una de las partes más recatadas de Sevilla, donde toman el fresco y recorren más particularmente los edificios y renombrados habitantes sevillanos hasta que se les llega la noche. A las dos de la tarde siguiente, los dos compañeros suben otra vez al terrado, acompañados esta vez de su huéspeda, la mulata Rufina María. El estudiante está algo melancólico porque echa de menos a Madrid, lo cual pretexta el larguísimo panegírico de la Corte y de las plazas de la Calle Mayor, que abarca casi todo el Tranco VIII.

El panegírico del Tranco VII y, especialmente, el del VIII demuestran mucha semejanza con el *Elogio del juramento del*

---

[72] Charles Aubrun ha destacado como modo de conocimiento "la vision allégorique survenant entre l'état de rêve et l'état de veille, dans une tension psychologique particulière" (art. cit., pág. 66).

sereníssimo príncipe Don Felipe Domingo, quarto deste nombre..., compuesto por nuestro poeta en 1608.[73] El que Vélez retocara partes de su *Elogio* para incorporarlo en su prosa, resorte de que se aprovechará también en los Trancos IX y X, ayudaría a resolver una fuente posible del episodio, pero eso no descubre nada acerca del sentido de estos pasajes excepto en cuanto a su más externa sensibilidad cortesana. Por otra parte, creo que si consideramos estas enumeraciones de personas y lugares como consecuencia de un catálogo literario, podremos averiguar el fenómeno y su vivencia así como el sentido crítico expresado a través del mismo.

Trátase de la anatomización del género epidíctico de la retórica, los *argumenti a loco, a persona* y *a circunstantia*, que los coetáneos de Vélez desarrollaban con provecho tanto en el teatro como en la narrativa.[74] Recordemos, por ejemplo, la descripción de Lisboa en *El burlador de Sevilla,* o la de Sevilla en *Tan largo me lo fiáis,* la imagen de Florencia y de Milán en *Guzmán de Alfarache* y la de Málaga en *La vida de Marcos de Obregón.* Como tales descripciones muchas veces no estaban integradas ni estructural ni temáticamente con el propósito principal de la obra en que aparecían, su virtualidad hoy es mal entendida, si no completamente oscurecida. Lo cierto es que esos tropos eran generalmente populares aun entre los mosqueteros más incultos, a juzgar por su frecuencia en la comedia. Sería difícil y largo de determinar el significado de los elogios de personas y de lugares en *El Diablo Cojuelo* desde la perspectiva de sus causas finales, pero sí podemos entreverlo, creo, en la teoría y práctica de los tropos epidícticos.[75]

La descripción de personas u objetos y la presentación de regiones, ciudades y edificios fueron específicamente estudiadas

---

[73] Fue publicado por Joaquín de Entrambasaguas, "Un olvidado poema de V. de G.", *Revista de Bibliografía Nacional,* II (1941), 91-176.

[74] Véase Louis C. Pérez y F. Sánchez Escribano, *Afirmaciones de Lope de Vega sobre preceptiva dramática, Revista de Literatura,* Anejo 17 (Madrid, C.S.I.C., 1964), págs. 137-173; Laurenti, ob. cit., págs. 31-32, 45-46; Edmond Cros, *Protée et le gueux* (Paris, Didier, 1967), págs. 273-332.

[75] Lo que sigue resume más o menos estrechamente la exposición de Edmond Cros en la ob. cit., págs. 288-290, por la cual cito referencias a Salinas, Suárez y Matamoros.

por los retóricos de los siglos XVI y XVII. Fray Miguel de Salinas recomendó que se mencionasen las dimensiones, la materia, los ornamentos, etc., si se tratara de un pueblo o edificio: "Si es villa o casa de grande edificio pondremos quan grande y qual sea la entrada, de que materia edificada y de que cosas particulares esté adornada, quantos aposentos y que ventanas y a que manos puestas y con que vistas: y assi de todas las particularidades...".[76] En *De arte rhetorica* (1569), de Cipriano Suárez, se lee que el elogio de una ciudad se hace en la misma manera como el de un hombre: "Laudantur urbes similiter atque homines. Nam pro parente est conditor et multum autoritatis affert vetustas et virtutes ac vitia circa res gestas eademque in singulis. Illa propia quae ex loci positione ac munitione sunt. Cives illis ut hominibus liberi, decori. Ad hunc locum pertinet illud Vergili de urbe Roma...".[77] Alfonso García Matamoros, en *De ratione dicendi*, trató todo esto en un capítulo dedicado específicamente al género epidíctico, "De genere demonstrativo": "Incidunt etiam in hoc genere res natura diversae... Primum quidem regiones commendat prosperitas aeris, deinde fertilitas, frequentia virorum, urbium, situs, amplitudo, antiquitas, primi inhabitatores. Urbes commendant ab antiquitate, prima origine, situ, fundatore, religionis studio, Re, Senatu, frequentia, studio pacis, civium urbanitate, domorum magnificentia, variarum rerum copia, prosperitate aeris, amoenitate...".[78] Los ejemplos ilustraron la teoría: Suárez citó una descripción de Roma; Matamoros mencionó, entre otros, el elogio que Cicerón hizo de Sicilia y el de Italia por Plinio, y los imitó en su propio elogio de Burgos:

> Eadem nos in celebrandis publica olim contione burgis, civitate disciplina et gravitate nobili imitati sumus. Nec pudore rustico commovebor quin pauca quaedam infirmioribus ingeniis his proponam, quibus ceu praepilatis dicendi rationem exerceant aut rudimentum aliquod eloquentiae ponant. Intus habet quocunque oculos inferas nobilissima urbs Burgi patria tua, amplissimam laudis

---

[76] Rhetorica en lengua / castellana en la cual se pone muy en / breve lo necessario para saber bien hablar y escrevir: y / conoscer quien habla y escrive bien... (Alcalá, Joan de Brócar, 1541), fol. XIX a-b.
[77] "De laude urbium", cap. XLVII, fol. 20.
[78] Libro I, cap. XIII, fol. XXX.

> materiam et uberrimam immortalis gloriae segetem sive
> Rempu spectes, sive religionis studium pendas, sive
> populi frequentiam, civium fidem et probitatem varia-
> rumque rerum copiam animo praesenti contempleris.
> Resp. primum ea est que nec ipse auderet divinus Plato
> praestantiorem exoptare pacis amantissimam, legibus et
> majorum sanctissimis institutis praeclare fundatam, in qua
> oes cives concordissime vivunt, fidem servant, publica
> aut privata odia... Testatissimum est hoc nationibus non
> dico nomine sapientiae claris... sed immanitate etiam
> Barbaris et nullo Reip. studio... ad quas Burgenses mer-
> catura industrii homines diligentesque vel infero, supero-
> que mari frequentes commeant...
>
> (fol. XXX-XXXI)

A estos preceptos se deben los excursos descriptivos que figuran en tantas obras de aquella época. Los escritores, entre ellos Vélez de Guevara, recurrían sin titubeos a la teoría para evocar el ambiente de alguna localidad o la grandeza de un señor. Este sacrificio ritual a la retórica no se trataba simplemente de un quehacer rutinario y profesional que el poeta hacía solamente para agradar a un mínimo sector de sus lectores. Al contrario, era una forma de homenaje en donde el poeta pudo hacer alarde de su destreza descriptiva, aprovechándose de todos los recursos que la teoría le proporcionaba. Así considero que la virtualidad de la larga y pormenorizada descripción de Sevilla y de la ostentación de la Corte en Madrid no tiene nada de anómalo en la realización del propósito de *El Diablo Cojuelo,* porque documenta ya otra vivencia literaria que estaba de moda en aquellos tiempos.

Trancos IX y X. Pléyade y picardía sevillanas

Los Trancos IX y X constituyen una sola unidad funcional que, estructural y temáticamente, redondea y completa la forma significativa creada por Vélez. Presentan, de una manera contrapuntística, los extremos de la sociedad sevillana. Primero presenciamos "una Academia de los mayores Ingenios de Seuilla, que se juntan... a conferir cossas de la profession y hazer versos a diferentes assumptos" (pág. 98). Luego se nos presenta un grupo de renombradas figuras históricas: el Conde de la Torre, Antonio Ortiz Melgarejo, Álvaro Cubillo, Blas de las Casas Alés, Cristóbal de Rozas, Diego de Rosas y Argomedo, García de Coronel y Salcedo y doña Ana Caro de Mallén.[79] Después del sarao, el Cojuelo y el estudiante, invisibles, nos permiten ver los negocios que se arreglan en el garito de pobres, donde el "conclave de San Lorenzo", sindicato de pícaros, se reúne "despues de hauer pedido todo el dia, a entretenerse y a jugar, y a nombrar los puestos donde han de mendigar essotro, por que no se encuentren vnas limosnas con otras" (pág. 103). En medio del registro de los coloridos gremiales, la reunión es interrumpida por Cienllamas, Chispa y Redina, que vienen buscando a Asmodeo. Los protagonistas escapan ignotos, y sabiendo que sus perseguidores les tienen el rastro, se mudan de la posada de Rufina María a otra, más recatada, en la Morería (Tranco X), donde pasan el día descansando y redactando las ponencias que habían de presentar en la academia la noche siguiente. Vueltos a dicha academia, Cleofás, apodado "el Engañado", sirve de presidente y lee sus "Prematicas y ordenanças que se han de guardar en la ingeniosa Academia Seuillana desde oy en adelante" (pág. 110), las cuales son celebradas por peregrinas y caprichosas por su auditorio. El Diablo Cojuelo, llamado "el Engañador" y nombrado fiscal del concurso, asimismo se levanta para leer su "PRONOSTICO Y Lunario del año que viene, al Meridiano de Seuilla y Madrid, contra los Poetas, Musicos, y Pintores; COMPVESTO POR el Engañador, Academico de la insigne Academia del Betis; y dirigido a Perico de los Palotes, Protodemonio y Poeta de Dios te la depare buena" (pág. 116). Pero antes de proseguir, su lectura es interrumpida por un alguacil y sus corchetes que llevan requisitoria de doña Tomasa. La acción luego se traslada otra vez al exterior, donde Asmodeo soborna al alguacil contra las vociferantes protestas de Tomasa y su soldado. Al día siguiente, el Cojuelo está paseando por las calles de Sevilla cuando Cienllamas, Chispa y Redina, después de una calamitosa pelea en que se meten unos sastres, por fin logran darle cara. La brusquedad de la conclusión está en parte suavizada por la relación de cómo acaban los varios partidos en la pendencia: los sastres son condenados al Infierno;

---

[79] Véase Rodríguez Marín, *El Diablo Cojuelo*, págs. 186-188 notas.

doña Tomasa quiere acompañar a su cortejo a las Indias; y don Cleofás vuelve a Alcalá a acabar sus estudios. Pero si por un lado nos sentimos satisfechos con la resolución abrupta de la trama, por otro nos quedamos con la explícita y rematadora nota de pesimismo, disgusto y desengaño sentidos por doña Tomasa y por don Cleofás, nota que refleja sobre todo lo acontecido desde el estupro que ocasionó la historia.

La crítica ha solido marcar la mitad del Tranco IX como el retorno, en su opinión muy retrasado, al propósito satírico que Vélez había abandonado por más de tres capítulos, redimiendo con ello el mérito de la obra a pesar de sus nocivas divagaciones. Pero como hemos visto, el propósito de *El Diablo Cojuelo* es otro: no es tanto satirizar la sociedad cuanto anatomizar la vivencia de varios sectores sociales y espaciales que en conjunto proporcionan un panorama visionario de la situación española en aquella época. Esta anatomización está ejecutada con una miscelánea de motivos literarios y retóricos, lo que da a la obra la apariencia de un catálogo literario que falta unidad estilística. Además, si examinamos bien los últimos trancos, se hace evidente que realmente hay en ellos muy poca sátira, si pretende poseer alguna eficacia, tiene que apelar al ingenio del lector de tal manera que lo mueva en un ápice ético. Aquí, lo mismo como antes, en el Tranco VI, el efecto punzante de la acción y del lenguaje está atenuado. La virtualidad de la expresión es más bien cuestión de lo cómico que no de lo satírico, y lo es tanto que Vélez tuvo que puntuar la secuencia con una declaración explícita que haría constar el substrato ideológico que no fue latente en la textura del discurso mismo. Esto no quiere decir que las situaciones de los Trancos IX y X fuesen escritas sin genio. Al contrario, la gracia e ingeniosidad con que están desarrolladas son innegables. De hecho, el arte de lenguaje que Vélez demuestra en su relación del gremio de pícaros y la gracia con que dispone y narra la conclusión revelan al escritor en el apogeo de su poesía. Debemos recordar, empero, que las situaciones propuestas en los trancos finales de *El Diablo Cojuelo* ya se habían hecho tópico común muy antes de éste. Desde hacía dos generaciones, a través de obras como las *Premáticas del Desengaño contra los poetas güeros* de Quevedo (compuestas y circuladas manuscritas en Madrid entre 1610 y 1614), *La corrección de vicios* (Madrid, 1615)[80] y *El sutil cordobés, Pedro de Urdemalas* (Madrid, 1620) de Salas Barbadillo, a no decir nada de las pulgas que se echaban los culteranos y sus enemigos literarios, el público muy bien conocía las premáticas burlescas que divertían a las academias literarias, lo mismo como conocía el mundo hampesco, particularmente el de Sevilla, por las narraciones como *La relación de la cárcel de Sevilla* (compuesta después de 1585) de Carlos García, el *Rinconete y Cortadillo* y las novelas picarescas. Debían de encontrar esas situaciones muy divertidas, a juzgar por su gran frecuencia en la narrativa de aquellos años, pero los tópicos mismos ya dejaron de ser satíricamente virulentos. Ya no les incumbían a sus lectores. Les afectaban a su ingenio con su comicidad, pero no a su sentido ético. Así, considerar los Trancos IX y X sólo en términos de la sátira podría conducirnos a una comprensión parcial, si no errónea, de su naturaleza y virtualidad en el conjunto de la obra.

Hay, desde luego, en el Tranco IX un retorno a un *modo* de expresión, si no a un *propósito* satírico. También, los protagonistas, que durante dos capítulos han estado más o menos pasivos ante la acción, vuelven a ser agentes del enredo, expuestos y susceptibles a las circunstancias que los rodean. Juntamente con estos retornos, la anatomización de estilos literarios que vengo señalando es continuada y amplificada. De esta manera, los varios elementos que hemos considerado en el curso del relato —trama o acción, personajes, lenguaje o variedad de estilos— son recogidos y compenetrados de una vez en el Tranco IX, lo que expide un desenlace final que no dejará ningún aspecto estructural o temático sin resolución. El carácter "catalogal" se hace particularmente manifiesto en éste y en el tranco que sigue. En realidad fueron compuestos en el mismo modo como un catálogo, literalmente a retazos tomados de diversas fuentes. Cuando Vélez compuso estos capítulos, seguramente habría pensado en alguna de las obras mencionadas arriba, y los versos del Tranco IX, así como las premáticas del X son, en palabras de Adolfo Bonilla, un "refrito" de la ponencia leída por Rojas Zorrilla

---

[80] Ed. Emilio Cotarelo y Mori (Madrid, "Revista de Archivos", 1907), I, 213-224.

en la Academia Burlesca de Madrid en febrero de 1637.[81] No quiero insinuar con esto que los elementos constitutivos de los Trancos IX y X sean accesorios o accidentales. Cada elemento aporta una función estructural o temática a la realización de la armazón total de la forma significativa. Las referencias culteranas y las descripciones epidícticas del Tranco IX no sólo enmarcan y ambientan el concurso de literatos, sino que también expresan gráficamente el movimiento espacial de los protagonistas, efectuando así la transición necesaria de la luz y floreo del sarao burgués a las "grandes carcajadas de risa y aplausos de regozijo en vna casa baxa, edificio humilde" (pág. 102) donde se reunían los pícaros de San Lázaro. En la primera mitad del IX y en el X, las huecas diversiones literarias de la burguesía se anatomizan al nivel de la trama y del estilo. En la segunda mitad del IX se verifica el realismo social a la manera de algunas *Novelas ejemplares* cervantinas y la novela picaresca, con lo cual la anatomización de las principales corrientes literarias de aquella época queda completa.

Este resumen de la exposición y fuentes ha manifestado, por primera vez, la disposición paralela y estructura polar de *El Diablo Cojuelo*. No obstante su efecto virtual, este diseño tectónico de ninguna manera oscurece el primer rasgo característico tanto de la obra como del género anatómico, que es la exposición de ideas y actitudes mentales en la presentación de diversos tipos, caracteres, profesiones y sectores espaciales mediante una variedad de igualmente diversos estilos e impulsos miméticos. Pero las consideraciones estructurales, aunque van lejos para solidar la eficacia de *El Diablo Cojuelo* como anatomía, todavía por sí no bastan para certificar absolutamente la relación genérica con que espero esclarecer la obra. Hace falta averiguar sus distintivas operaciones internas en lo que concierne al funcionamiento del lenguaje dentro de este esquema estructural: esto es, cómo el lenguaje expresa la relación entre el lector, el autor-narrador y el mundo narrado, y con qué efectos.

---

[81] Véase José Sánchez, *Academias literarias del siglo de oro* (Madrid, Gredos, 1961), págs. 134-154.

II

ORIENTACIÓN ORAL. EXPOSICIÓN MIXTA. 'NARRATIO' Y 'SERMOCINATIO'

Desde Ian Watt y Marshall McLuhan, casi se puede definir la novela como esa especie de literatura narrativa que se ajusta particularmente al hecho de que está escrita para la estampa.[1] Leída a la sorda entre sí y reproducida uniformemente en grandes cantidades, la novela se dirige a un público que está condicionado a la experiencia peculiar de la letra impresa. La anatomía, en cambio, es esencialmente una forma oral traducida a la letra de molde. De vez en cuando cae en pura plática, pero aun cuando asume una forma que se aproxima a la novela la anatomía exhibe una orientación que es muy diferente de la mayoría de las novelas.[2] McLuhan ha advertido la tendencia de los escritores del siglo XVI a variar el tono de su lenguaje de oración en oración, y hasta de frase en frase con la misma soltura y flexibilidad que caracterizaba la literatura antes de la imprenta. La adaptación definitiva del discurso a la tipografía no ocurre, según él, sino hasta el fin del siglo XVII.[3] Aunque exagera su tesis —ignora la notable excepción del *Quijote*—, McLuhan tiene razón al decir que la orientación general de la literatura era oral

---

[1] Watt, ob. cit., cap. II; McLuhan, "The Effect of the Printed Book on Language in the 16th Century", *Explorations in Communication*, Edward Carpenter y Marshall McLuhan, eds. (Boston, Beacon Press, 1960), págs. 125-135.
[2] Philip Stevick, "Novel and Anatomy: Notes toward an Amplification of Frye", *Criticism*, X, 3 (1968), 154.
[3] Art. cit., pág. 129.

en las épocas que hoy llamamos Renacimiento, Manierismo y Barroco. En aquellos tiempos escribir no era sino traducir el habla en forma impresa. Para quien lo dude basta citar un fragmento de los *Diálogos de la diferencia del hablar al escribir* (c. 1560) de Pedro de Navarra:

> la escritura es vn retrato en acto dela habla, e vna forma delas palabras, que queda despues que has hablado, o vna imagen, o vida, que inmediate [sic] que las vees, te traera a la memoria lo que representa... D[uque]. Luego esta es la differencia del hablar al escreuir, que la palabra no dura mas de quanto pronunciada: pero la escritura todo el tiempo que fuere conseruada, y la palabra, si se oye, no se vee, pero la escritura se vee escrita, y se oye, si es leyda, e la palabra, no se cõprende, sino de cerca: pero la escritura se haze sentir en cabo del mundo.[4]

Esta orientación oral se manifiesta estilísticamente en la co-presencia de dos o más rumbos tonales y modales y en una fuerte tendencia enciclopédica.

La extremada variedad estilística que caracteriza *El Diablo Cojuelo* responde precisamente a esta orientación oral, orientación que el mismo Vélez reconoció tanto en sus advertencias prologales como en el desenvolvimiento de su narración. La obra lleva por subtítulo "NOVELA DE LA OTRA VIDA", denominación específica con que Vélez volverá a bautizar a su relación en dos ocasiones más, una vez en la dedicatoria: "... con estas seguridades no naufragarà esta Nouela..." (pág. 4), y otra vez en la conclusión: "Con que dà fin esta Nouela y su dueño porque le sacò della bien" (pag. 120). De la misma manera se refieren a la obra ambos aprobantes suyos. Pero en esos casos 'novela' no denota el significado preciso que hoy se entiende por ese término. Allí se usó en el sentido de "nuevas", acepción que se ha propuesto más de una vez, o también dio a entender una "ficción ò mentira en qualquier materia" (*Autoridades*, II, 683). De manera que por 'novela' Vélez y sus censores no se referían a la obra en términos

---

[4] Pedro de Navarra, DIALOGOS / DELA DIFFERENCIA / DEL HABLAR AL ESCREVIR. / (MATERIA HARTO SOTIL Y NOTA- / BLE)... Tolosa [c. 1560], ed. diplomática de D. O. Chambers (s. l. 1968), págs. 11-12.

denotativos, sino a su invención imaginativa. Por otro lado, en los dos prólogos Vélez se refiere a su obra como un "discurso". En ambos casos parece estar pensando en una definida forma genérica al llamarla así, porque contrapone el discurso a los otros géneros. En el primer prólogo opone el discurso a la comedia, regocijadamente destacando las profundas diferencias que hay entre ellos en cuanto al funcionamiento ontológico de su lenguaje, diferencias que le hicieron posible escribir "con particular capricho". En el otro prólogo Vélez parece intuir las mismas diferencias modales como las que acabamos de ver entre la anatomía y la novela. Distingue su prosa, "este discurso", de la prosa más concentrada que hoy se considera novela, "no me he atreuido llamarle libro". A primera vista parece que por "discurso" no quería decir más que una exposición verbal como cualquiera. Pero en realidad la denominación apunta a la esencia modal de *El Diablo Cojuelo*, la cual ha de verse en dos dimensiones. Por una parte se refiere a la plasmación de una orientación e impulso expositivo que informan la modalidad de la presentación y el tono del lenguaje: 'discurso', posverbal de 'discurrir', que "Vale... hablar, tratar ò platicar sobre alguna cosa" (*Autoridades*, II, 299). Orientación e impulso, por otra, que en su mayor parte son resultado de un proceso racional y que demuestran una marcada tendencia enciclopédica, lo cual se colige de las otras acepciones de 'discurso', como 'andar, caminar, o correr por diversas partes o parajes; examinar, pensar y conferir las razones que hay en favor o en contra de alguna cosa, infiriéndolas y sacándolas de sus principios; la facultad racional con que se infieren unas cosas de otras; el uso de la razón; reflexión sobre algunos principios y conjeturas; razonamiento, plática o conversación ponderada y dilatada; tratado o escrito que contiene varios pensamientos y reflexiones sobre alguna materia, para persuadir o ponderar algun intento'.

La libertad de ser estilísticamente uniforme, consistente y coherente da a la anatomía un rango muy diferente del de la novela. A propósito, uno de los motivos característicos de *El Diablo Cojuelo*, y de la anatomía en general, es su capacidad de evocar una visión heterogénea, flexible y múltiple de la experiencia mediante la inconsistencia estilística.[5] Aun se ha sugerido la posibilidad de construir, por inducción, una gramática de estilos conmistos a partir del rango de efectos que se han explotado en la anatomía:

> Stylistic inconsistency... is sometimes a means for placing intellection beside the experience it is meant to comment upon. It is sometimes the result of the parodic motive, not a parody of a single work but of a whole range of previous literary forms. It is sometimes the result of the mimetic impulse, faced with a world of contingency but without any ethical or any intellectual impulse to sort it out into patterns of value. It is sometimes the vehicle for a large number of comic effects. There is, perhaps, no theory of the comic which cannot be connected with the rhetoric of mixed style, potentially a vehicle for exploiting incongruity or repetitive, mechanical, Bergsonian forms, potentially a device for inducing Hobbesian laughter or releasing Freudian inhibitions. Often the stylistic mixture of anatomy represents the encyclopedic impulse translated into rhetorical tactics: the wish to employ every possible rhetoric for the sheer pleasure of virtuosity.[6]

La sugerencia de un sistema con que clasificar el rango estilístico de la anatomía viene muy a propósito para enfocar *El Diablo Cojuelo*, porque claramente hay en éste una multiplicidad de estilos que se exhiben en varios niveles. Hemos visto, por ejemplo, que hay un punto crudo, precisamente a la mitad de la obra, en donde el tono de la exposición de repente se muda, tornándose cortesanas las que habían sido preocupaciones satíricas. También se distinguen en el libro tres impulsos miméticos: uno realista o infrarrealista, otro esteticista y ya otro alegórico. Hasta de frase en frase se perciben distintos modos de expresión. En este capítulo vamos a considerar otra clase de variedad estilística que es resultado directo de dos funciones ontológicas distintas que operan en la exposición a cada momento: me refiero a la alternancia entre narración y diálogo.

---

[5] Véase Leonard Lutwack, "Mixed and Uniform Prose Styles in the Novel", *JAAC*, XVIII (1960), 350-357.
[6] Stevick, art. cit., pág. 156.

Hay dos grados de directriz en la mímesis: como grado mínimo la narración, y como grado máximo la acción. Entre ambos grados se inserta un grado intermedio, que es una mezcla de los otros dos, de suerte que en total resultan tres grados. La narración corresponde a la *narratio*, que es la exposición detallada, parcial, encarecedora, de lo que de manera ceñida y escueta se expresa en la proposición seminal, así como corresponde a la fábula. Dentro de la narración se distinguen dos grados de directriz: el grado mínimo de la relación, que se mantiene a distancia del proceso narrado, y el grado intermedio, que se aproxima al drama mediante una *sermocinatio* cambiante. El grado intermedio de directriz está entre el grado mínimo y el máximo de la acción. Acoge, pues, elementos dramáticos, pero no en el sentido de participación visible de varios personajes, sino en el sentido de que el narrador, al relatar los discursos de los personajes que intervienen en la narración, sale de su papel de narrador y habla en estilo directo como el correspondiente personaje del relato. Si refiere discursos de varios personajes, el narrador representa y asume alternativamente los personajes que intervienen en la narración, y ello en estilo directo. El medio principal de que dispone el grado intermedio es, pues, la *sermocinatio*. A esto se añaden los recursos actualizantes y cuasipresenciales de la *evidentia*, la descripción viva y detallada de un objeto mediante la enumeración de sus particularidades sensibles. [7]

Ahora bien, la anatomía, así como la novela, se realiza en el grado intermedio de directriz. En ambas se mezclan libremente la *narratio* y la *sermocinatio*. También se parecen en que su visión narrativa y sermocinativa puede ser o panorámica o escénica. Pero mientras la perspectiva del novelista tanto en la fase narrativa como en la fase sermocinativa puede ser u omnisciente o parcial, en la anatomía el punto de vista de la *narratio* es casi siempre omnisciente y móvil mientras el de la *sermocinatio* es parcial y más o menos estático.

El Diablo Cojuelo es bien ilustrativo de esto. Propiamente dicho, se trata de un *miktón*, esto es, una *narratio* con *sermocinationes* intercaladas. [8] Consta de una exposición mixta constituida

---

[7] *Manual de retórica literaria* (Madrid, Gredos, 1966), II, 454-456.
[8] Ibíd., I, 256, II, 400-401, 454-456.

de intermitentes fases de narración de la proposición —la huida del Cojuelo y don Cleofás— y de exposición de los sectores espaciales y sociales del mundo de la obra —las 'unidades anatomísticas'— mediante los coloquios de los dos protagonistas, que son relaciones epidícticas de lo presenciado dichas en estilo directo. Para comprender la naturaleza de la obra como forma significativa importa sobremanera no perder vista de este desdoblamiento de la fase narrativa y la fase sermocinativa porque ambas aportan su propia función especial en la realización del conjunto: cada fase corresponde a una voz narradora particular y se caracteriza por su propia virtualidad lingüística.

La fase narrativa. El mundo narrado.

La fase narrativa atañe al autor mismo y tiene tres funciones: 1) preparar la acción temporal y espacialmente, y establecer con ello las contingencias de la situación en que los interlocutores de la fase sermocinativa van a actuar; 2) avanzar o retardar el movimiento narrativo según cuando se agotan o se presentan las contingencias situacionales de manera que prosiga la acción de la fábula; y 3) recapitular y verificar la acción.

1. *Preparación de la acción. Establecimiento de contingencias situacionales.*

La primera función del autor en las fases narrativas es ubicar la acción en el espacio y tiempo y establecer las contingencias de la situación en que los personajes van a actuar, lo que requiere absoluta libertad perspectivista para el narrador. Buen ejemplo de ello son las primeras oraciones de la obra. Desde la cláusula inicial hasta el fin de la tercera oración, donde la fase dialogal se abre con la demanda de don Cleofás, "—¿quien diablos suspira aquí?'", la visión del narrador es siempre decreciente, haciéndose cada vez más específica a la manera del *fade-in* cinematográfico. Al comienzo su visión es panorámica y total. Introduce la narración con breves acotaciones espaciales y temporales que abarcan la latitud entera del medio ambiente: Madrid a fines de julio. Luego, el narrador puntualiza la escenografía con la hora precisa y con algunos pormenores materiales y vivenciales: son "las onze en punto, hora menguada para las calles, y por faltar la luna, juridicion y termino redondo de todo requiebro lechuzo y patarata de la muerte". En un sentido lato, Vélez establece con estos detalles las primeras contingencias de la relación, porque dan a entender un mundo cuya degradación quiere demostrar satíricamente a través de la historia. También es panorámica la visión de la segunda oración, aunque de un modo más específico que en la frase anterior. La descripción introductoria se convierte en una digresión ecfrástica cuando el narrador presenta a los agentes del enredo, el estudiante don Cleofás y su antagonista doña Tomasa de Bitigudiño, con todas las circunstancias que condujeron a su pleito, el cual provee el motivo nuclear de la historia y las contingencias principales de la trama que han de ser resueltas antes de la conclusión de la obra. La visión del narrador luego se vuelve escénica en la tercera oración, donde el estudiante y el escenario se ven desde cerca y en detalle:

> A estas oras, el estudiante, no creyendo su buen sucesso y desollinando con el bestido y los ojos el çaquizami, admiraua la region donde auia arriuado por las estrangeras estrabagancias de que estaua adornada la tal espelunca, cuyo abariento farol era vn candil de garabato que descubria sobre vna mesa antigua de cadena papeles infinitos, mal compuestos y desordenados, escritos de caracteres matematicos, vnas Efemerides auiertas, dos señales de que viuia en el quarto de mas abajo algun Astrologo, dueño de aquella confusa oficina y embustera ciencia;—y llegandose don Cleofas curiosamente—como quien profesaua letras y era algo inclinado a aquella profesion—a rebouler los trastos astrologicos, oyò vn suspiro entre ellos mismos, que pareciendole imaginacion o ilusion de la noche passò adelante con la atencion, papeleando los memoriales de Euclides y embelecos de Copernico; escuchando segunda vez repetir el suspiro, entonces, pareciendole que no era engaño de la fantasia, sino verdad que se auia venido a los oidos, dixo con desgarro y ademan de estudiante valiente:—"¿quien diablos suspira aqui?"

(págs. 10-11)

Con esto se cierra la primera fase narrativa de la obra. Constituye una introducción propicia a la fase dialogal que sigue a continuación, porque el narrador establece en ella los contingentes que hacen parecer verosímiles el encuentro y subsecuente coloquio del demonio y el estudiante. Lo hace de dos modos. Primero, como se tratará de un diálogo, el narrador 'anima' a Cleofás mediante ciertas proyecciones psíquicas que dan a entender su carácter: "el estudiante, no creyendo su buen sucesso... —y llegandose don Cleofas curiosamente— como quien professaua letras y era algo inclinado a aquella profesion—... dixo con desgarro y ademan de estudiante valiente...". Hasta se vale de la locución vivida. Se nos describe el laboratorio desde el punto de vista del joven, expresando a la vez su curiosidad y su recelo ante "las estrangeras estrabagancias de que estaua adornada la tal espelunca".

El otro modo con que el narrador establece las contingencias de lo que sigue es el empleo de la *evidentia*. La segunda oración describió una situación realista, o mejor dicho, infrarrealista, pero el lenguaje allí es connotativo y consiste en juegos conceptistas de los cuales brota su gracia satírica. Aquí, en cambio, se describe en términos que son básicamente denotativos una escena extraña, casi sobrenatural. Aunque el narrador ha empleado algunas voces inusitadas o cultas, como *çaquizami, espelunca* y *Efemerides*, la correspondencia semántica entre signo y significado es exacta y expresa la extrañeza de la escena icónicamente. [9] Si hubiera insistido en las cualidades extrañas con lenguaje figurado y connotativo, habría cambiado radicalmente la modalidad del diálogo que sigue: subrayaría la sobrenaturalidad de Asmodeo y la humanidad de Cleofás, lo que habría desplazado la situación a la alegoría. Pero, al no insistir en los elementos sobrenaturales de la escena, el narrador cimienta las condiciones propicias para "lo imposible" de que depende su sátira fantástica. [10]

---

[9] Véase la nota 65 del capítulo I.

[10] Digo 'fantástico', aunque sería más a propósito decir "fantasístico" porque *El Diablo Cojuelo* ejemplifica la esencia de la fantasía. En su conferencia, "The Paradox of Fantasy" (publicada en *The Quest for Truth*, Martha Boaz, ed. [New York, Scarecrow Press, 1961], págs. 79-87), Robert Nathan ha señalado los rasgos distintivos de la fantasía en forma de cuatro reglas, que son: 1) Que el relato, por inverosímil que sea, nunca parezca implausible; jamás debe permitirse al lector decir que la propuesta del relato es imposible. La fantasía propone una premisa que es absolutamente contraria a nuestra experiencia, la acepta como natural y construye sobre ella una

Heinrich Lausberg ha observado, y correctamente creo, que el conjunto del objeto tiene en la *evidentia* un carácter que es esencialmente estático, aun cuando se refiere a proceso. "Se trata —dice— de la descripción de un cuadro que, aunque movido en sus detalles, se halla contenido en el marco de una simultaneidad (más o menos relajable). La simultaneidad de los detalles, que es la que condiciona el carácter estático del objeto en su conjunto es la vivencia de la simultaneidad del testigo ocular; el orador [o escritor] se compenetra a sí mismo y hace que se compenetre el público con la situación del testigo presencial..."[11] Para realizar esto el autor puede disponer de varios medios lingüísticos, medios que no empleará todos de una vez, sino que dispone de ellos para utilizarlos según las necesidades de las circunstancias. Ahora bien, hay tres modos de *evidentia* —de persona, de lugar y de tiempo—, los cuales pueden expresarse mediante: a) el detallamiento del conjunto del objeto; b) el empleo del presente; c) el empleo de los adverbios de lugar expresivos de la presencia; d) el apóstrofe a las personas que aparecen en la narración; y e) el estilo directo de los personajes que intervienen en el relato.[12] Mientras todos estos tipos de *evidentia* aparecerán en las fases sermocinativas de *El Diablo Cojuelo,* sólo el detalle o particularización del conjunto atañe a sus fases narrativas. Teóricamente, la forma que la acumulación de pormenores puede adoptar en el lenguaje puede consistir: a) en frases largas en las que la imagen entera está recogida sintácticamente, sin

---

fábula humana y doméstica, lo cual quiere decir que se trata de una historia de caracteres humanos y domésticos, sean hombres o criaturas, con quienes podemos identificarnos. Este es el fenómeno que Walt Disney llamó "lo imposible plausible". Es decir, aunque la probabilidad de una situación sea escasísima, parece bastante real para engañarnos. 2) La imaginación ha de obrar con absoluta libertad, pero a la vez, el autor tiene que someterla a un control meticuloso para que sea consistente con la premisa fundamental de que partió. 3). La historia tiene que ser creíble, o casi creíble; tiene que crear la impresión, y más, la convicción de ser verdad no tanto de hecho, sino de esencia: el autor "must be convinced that it happened that way; that it *had* to happen that way; or, if it didn't, that it might have". 4) Para que sea buena la fantasía, que es una historia completamente irreal, los personajes tienen que parecernos reales. Han de hacernos amarles, aborrecerles, llorar o reírnos de ellos como si fuesen nuestros íntimos conocidos.

[11] Ob. cit., II, 224.
[12] Ibíd., II, 228.

que eche mano del recurso de dividir el conjunto en isocolos expresivos; o b) en la figura del isocolon subordinado o de la oración distributiva. [13] La primera alternativa no conviene para las obras satíricas como *El Diablo Cojuelo,* porque es forzoso que la visión de éstas sea extensiva y pasajera, de manera que la tensión ética producida en el lector por estas cualidades no se resuelva en una reacción trágica o cómica. Las posibilidades de la segunda alternativa corresponden exactamente a las fases que voy proponiendo para describir la elaboración de *El Diablo Cojuelo.*

El isocolon subordinado es uno de los rasgos característicos de las fases narrativas. No podría haber vehículo sintáctico mejor adecuado a la funcionalidad de esta fase. Vamos a ver, por ejemplo, cómo la intrincada hipotaxis de las oraciones iniciales evoca un mundo desarraigado y caótico, estableciendo con ello varias contingencias en cuanto a la subsecuente representación del medio ambiente y su tratamiento en las fases sermocinativas. Esto en lo concerniente a la ambientación del conjunto en general; en cuanto al establecimiento de contingencias situacionales más inmediatas, la disposición hipotáctica de las *evidentiae* funciona como los lejos de la pintura. La imagen total es estática, pero los isocolos que expresan sus particularidades abarcan dilatadas perspectivas naturales, psicológicas e históricas de manera que captemos la acción o el objeto, su fondo y sus lejanías más esenciales. Este efecto es posible por virtud de la naturaleza analítica de la hipotaxis; la subordinación expresa inherentemente las relaciones causales y efectivas, fenómeno que vemos en la oración siguiente:

> ... salieron los dos por la buarda como si los dispararan de vn tiro de artilleria, no parando de volar hasta hazer pie en el capitel de la torre de san Saluador, mayor atalaya de Madrid, a tiempo que su relox daua la vna, hora que tocaua a recoger el mundo poco a poco al descanso del sueño, treguas que dan los cuydados a la vida, siendo comun el silencio a las fieras y a los hombres, medida que a todos haze iguales, auiendo vna priesa notable a quitarse çapatos y medias, calçones y jubones, basquiñas, berdugados, guardainfantes, polleras, enaguas y guardapies, para acostarse hombres y mugeres, quedando las humanidades menos mesuradas y boluiendose

---

[13] Ibíd., II, 229.

a los primeros originales que començaron el mundo horros de todas estas varatijas... y leuantando a los techos de los edificios por arte diabolica lo ojaldrado, se descubriò la carne del pastelon de Madrid como entonces estaua patentemente, que por el mucho calor estivo estaua con menos celosias, y tanta variedad de sauandijas racionales en esta arca del mundo, que la del dilubio, comparada con ella, fue de capa y gorras.

(págs. 14-15)

Puesto que su propósito es la exposición de espacios, tipos, costumbres, estilos literarios, etc., mediante la acumulación de *evidentiae*, el efecto pictórico de la anatomía es característico del género. Pero creo que la afición que Vélez tenía de englobar la diversa y compleja totalidad pictórica de la escena responde más a la sensibilidad y técnica del Arte Nuevo que al estilo narrativo que cultivaba por primera vez en *El Diablo Cojuelo*. (Recordemos que había escrito más de cuatrocientas obras teatrales, según el testimonio de su hijo.) [14] Las múltiples complejidades de la historia representadas pictóricamente: esto es lo que pedía el público en aquella época, porque, como escribió Ricardo del Turia:

la cólera española está mejor con la pintura que con la historia; dígolo porque una tabla ó lienzo de una vez ofrece cuanto tiene, y la historia se entrega al entendimiento ó memoria con más dificultad, pues es el paso de los libros ó capítulos en que el autor la distribuye. Y así, llevados de su naturaleza, querrian en una comedia, no solo ver el nacimiento prodigioso de un príncipe, pero las hazañas que prometió tan extraño principio, hasta ver el fin de sus días, si gozó de la gloria de sus heróicos hechos le prometieron. Y asimismo, en aquel término de dos horas, querrian ver sucessos cómicos, trágicos y tragicómicos (dejando lo que es meramente cómico para argumento de los entremeses que se usan agora), y esto se confirma en la música de la misma comedia, pues si comienzan con un tono grave, luego la quieren, no solo

---

[14] Véase la carta de Juan Vélez a José Pellicer, editada por Antonio Paz y Meliá en "Nuevos datos para la vida de V. de G.", *RABM*, VII (1902), 129-230; reproducida en Antonio Pérez y González, ob. cit., págs. 164-165; también en la ed. cit de *El Diablo Cojuelo* de Cepeda y Rull, págs. 153-154. Véase además Juan Pérez de Montalbán, *Para todos. Exemplos morales y divinos*... Año de 1632, fol. 358v., apud Cotarelo. art. cit., IV, 159.

alegre y joli, pero corrido y bullicioso, y aun avivado con sainetes de bailes y danzas, que mezclan en ellos. [15]

La razón de esto fue explicitada por otro coetáneo de Vélez, Francisco de Barreda, quien sostenía que la verosimilitud y unidad de la comedia debía juzgarse por la manera en que daba cuenta de todas las implicaciones pertinentes del enredo: "Vna acción se deue entender vn caso sólo, y eso obedecen los q̃ aciertan en Espana; este caso puede tener muchas personas casi de igual cuydado en el poema. Como son dos competidores de vn Reyno, dos amantes de vna dama. Pues si sucede que en vn caso aya muchas personas que con igualdad interuienen, ¿por qué la comedia que retrata esse caso, no les retratara con essas personas igualmente? La impropriedad fuera no retratarla assí". [16] Hay muchos testimonios semejantes de que en aquella época se acentuaba la particular relación entre la pintura y la poesía. Lope de Vega, por ejemplo, estaba muy encariñado con la antigua comparación, "la pintura es muda poesía, y la poesía, pintura que habla". [17] Evocaba la pintura de vasta composición en *La Arcadia*, donde Montano, al oír un relato de Lucindo, siente en la poetización de aquella aventura un atractivo especial por el extenso y esfumado fondo:

> Paréceme el discurso de tu historia
> los lejos que se ven en la pintura,
> confusos cielos de tu incierta gloria;

y en sentido análogo se expresa el gran discípulo de Lope, Tirso de Molina: "No en vano se llamó la poesía pintura viva, pues imitando a la muerta, ésta en el breve espacio de vara y media

---

[15] *Apologética de las comedias españolas* (1616), ed. Ramón Mesonero Romanos, B. A. E., 43 (Madrid, Sucesores de Rivadeneyra, 1951) pág. xxv.

[16] *El mejor príncipe Augusto Trajano* (Madrid, 1622), 126v, apud William C. McCrary, " 'Fuenteovejuna': Its Platonic Vision and Execution", *Studies in Philology*, LVIII (1961), 182.

[17] *La Arcadia*, B.A.E., 38 (Madrid, M. Rivadeneyra, 1856), pág. 93a. Véase también Américo Castro y Hugo A. Rennert, *Vida de Lope de Vega*, segunda ed. (Salamanca, Anaya, 1968), págs. 387-390, donde Castro escribe sobre la gran atención que Lope mereció la pintura; también de Castro, *De la edad conflictiva*, págs. 235-237; Louis C. Pérez y F. Sánchez Escribano, ob., cit., págs. 137-173.

de lienzo pinta lejos y distancias que persuaden a la vista a lo que significan, y no es justo que se niegue la licencia que conceden al pincel, a la pluma, siendo esta tanto más significativa que esotro".[18] Del mismo parecer fue Fray José de Sigüenza, hombre de temperamento y ocupaciones muy distintos de los cofrades del mundillo teatral en Madrid: "los poetas y los pintores son muy vezinos a juyzio y todos; las facultades tan hermanas, que no distan mas que el pinzel y la pluma, que casi son vna cosa; los sugetos, los fines, los colores, las licencias y otras partes son tan vnas, que apenas se distinguen sino con las formalidades de nuestros metafísicos".[19] El símil horaciano, "ut pictura poesis", y las opiniones de Aristóteles proveyeron la autoridad de un prodigioso cuerpo de especulación estética acerca de las relaciones entre la poesía y la pintura.[20] Pero sea lo que fuese la teoría, es evidente que la visualidad de Vélez de Guevara, así como en Lope y Tirso, era cuestión de una vivencia literaria que mejor se explica por los gustos y sensibilidad del público a que le importaba sobremanera agradar.

2. *Avance y retardación del movimiento narrativo.*

El primer propósito de toda anatomía es expositivo. Ora satírica como *Los sueños* de Quevedo, o alegórica como *El mesón del mundo* de Fernández de Ribera; ora costumbrista como *El pasajero* de Suárez de Figueroa y *El viaje entretenido* de Rojas Villandrando, o didáctica como los diálogos de los Valdés; ya informativa y práctica como la *Agricultura Cristiana,* ya teórica como la *Philosophía Antigua Poética* del Pinciano y las *Tablas poéticas* de Cascales, siempre se trata de la exposición de unidades anatomísticas, y cuantas más unidades se exponen tanto mejor se realiza la finalidad intencional del género. De esta manera,

---

[18] *Los cigarrales de Toledo* (1624) apud Ramón Menéndez Pidal, "Lope de Vega: El arte nuevo y la nueva biografía", *De Cervantes y Lope de Vega,* sexta ed. (Madrid, Espasa-Calpe, 1964), págs. 105-106, al cual vengo citando hasta aquí.
[19] *Historia de la Orden de San Jerónimo,* ed. Juan Catalina García, segunda ed., N.B.A.E., 12 (Madrid, Bailly, Bailliére e Hijos, 1909), II, 635.
[20] En el *Arte poética,* 6.19-21, ensayó la idea de que la poesía y la pintura, siendo artes miméticas, deben recurrir al mismo elemento principal, el *mythos,* que en la tragedia es la trama, y en la pintura, el diseño.

todas las posibilidades de la inmediata situación contingente pueden agotarse sin que cese necesariamente el progreso de la narración, porque el narrador puede proponer sin ninguna dificultad nuevas contingencias con un sencillo cambio de escena, o con nada más que un cambio del tema de conversación cuando la anatomía es pura sermocinación. En esto radica otra diferencia fundamental entre la novela y la anatomía.

En la novela, los atolladeros a que se llega en el curso de la acción se resuelven por el héroe antes de agotarse todas las contingencias excepto en la conclusión, donde hay dos alternativas que el autor puede elegir en cuanto al manejo de la acción y del protagonista: no emprender una resolución decisiva y terminante, como en la llamada "novela abierta"; o agotar de una vez todas las posibilidades, rematando con ello todos los términos hábiles, como ocurre en la "novela cerrada".[21] En todo caso, el movimiento de la narración novelística recae sobre el personaje, y la manera en que éste solventa los atolladeros que estorban su progreso en el curso de la historia definirá su carácter. Aun cuando se trata de una novela de espacio,[22] importa mucho la relación dinámica entre el medio ambiente y la vivencia del individuo, tema que a fin de cuentas provee la materia prima de toda novela.[23] El interés de la anatomía, en cambio, no son los interlocutores, sino los objetos que ellos comentan. No se preocupa de dar relieve psíquico a los personajes o de desarrollar su carácter sentimental (entendido en el sentido etimológico). La actitud de los interlocutores hacia su medio ambiente es puramente intelectual. No existe en la obra anatomística ninguna relación tensiva entre el sujeto inteligente y el objeto inteligible, de manera que el personaje no tiene que comprometerse ni reaccionar dinámicamente a las contingencias que se le presentan. No hay por eso progreso psíquico ni espacial; los personajes no se mueven autónomamente de suerte que las fases sermocinativas son absolutamente estáticas. La única fuerza movilizadora procede de la fase narrativa. Es el narrador quien apunta todo el movimiento

---

[21] Véase Paul Goodman, ob. cit., págs. 54-58, 145-149.
[22] Véase Wolfgang Kayser, *Interpretación y análisis de la obra literaria*, cuarta ed. revisada (Madrid, Gredos, 1961), pág. 455 y sigs.
[23] Véase Goldmann, ob. cit., pág. 45 y sigs.

espacial de la historia. No hay, pues, ningún inconveniente en agotar todas las contingencias de la situación porque el atolladero producido por ello será fácilmente resuelto por el autor mediante un rápido y gratuito cambio de escena. De ahí que la anatomía se caracterice por abruptos e irregulares nexos entre las fases narrativas y las fases dialogales. (Recuérdese la advertencia de Vélez en su "CARTA DE RECOMENDACION AL CANDIDO O MORENO LECTOR": "... no reparto en capítulos, sino en Trancos".)

Volviendo a nuestro examen de la fase narrativa del Tranco I, se nota que a partir de "—'¿quien diablos suspira aqui?'", donde se abre la fase sermocinativa, el narrador no figura sino para acotar los dimes y diretes del demonio y el estudiante hasta el fin del tranco, cuando se han agotado todas las posibilidades inmediatas del diálogo menos dos: el estudiante o puede libertar al Cojuelo o puede dejarlo preso. El argumento de la obra depende de que Cleofás opte por la primera alternativa. Es precisamente en este punto donde se abre de nuevo la frase narrativa: "No fue escrupuloso ni pereçoso don Cleofas, y executando lo que el Espiritu le dixo, hizo con el instrumento astronomico gigote del vaso, inundando la mesa sobredicha de vn licor turbio, escabeche en que se conseruaua el tal Diablillo..." (pág. 14). Entonces se describe, con una serie de *evidentiae,* la primera aparición del Cojuelo y cómo éste promete galardonarle al estudiante por haberlo libertado. Vélez luego avanza la narración rápidamente contando cómo la pareja saltó de la buharda al capitel de San Salvador, y con la descripción panorámica del maremagno que el Diablo Cojuelo y Cleofás acechan desde su atalaya plantea las contingencias del tranco siguiente.

El Tranco II consiste en una libre enumeración por Asmodeo y don Cleofás de las contingencias propuestas al fin del tranco anterior. Como su punto de vista no tiene obstrucción que limite el enfoque del diálogo, no hace falta la intervención del narrador. Después de referir cómo "Qvedò don Cleofas absorto en aquella pepitoria humana de tanta diversidad de manos, pies y cabeças" (pág. 17), el narrador no participa en la relación sino hasta la última oración del tranco: es el amanecer; se han expendido las contingencias de la situación nocturna y el narrador tiene que intervenir para que la historia prosiga. Efectúa el necesario cambio de escena al decir nada más que esto: "Y boluiendo a poner la tapa al pastelón, se baxaron a las calles" (pág. 26).

En el tercer capítulo, el ritmo de la alternancia entre las fases narrativas y sermocinativas es muy distinto. Las primeras *evidentiae* establecen la cadencia del pasaje:

> Ya Començaun en el puchero humano de la Corte a herbir hombres y mugeres, vnos àzia arriba y otros àzia abaxo y otros de traues, haziendo vn cruzado al son de su misma confusion; y el pielago racional de Madrid a sembrarse de Vallenas con ruedas—que por otro nombre llaman Coches—trauandose la batalla del dia, cada vno con disinio y negocio diferente y pretendiendose engañar los vnos a los otros, leuantandose vna poluareda de embustes y mentiras que no se descubria vna brizna de verdad por vn ojo de la cara...
>
> (pág. 27)

Desde aquí, el tranco consiste en una rápida sucesión de fases alternantes en las que el funcionamiento de la *narratio* y de la *sermocinatio* es particularmente claro. La primera expresa el movimiento espacial y dispone la escenografía aparencial a la manera de la acotación del drama;[24] la otra expresa la vivencia de la escena:

> ...y don Cleofas iva siguiendo a su camarada que le auia metido por vna calle algo angosta llena de espejos por vna parte y por otra, donde estauan muchas damas y lindos mirandose y poniendose de diferentes posturas de bocas, guedexas, semblantes, ojos, vigotes, braços y manos, haziendo cocos a ellos mismos; preguntole don Cleofas que calle era aquella, que le parecia que no la auia visto en Madrid, y respondiole el Cojuelo:—"esta se llama la calle de los gestos..."
>
> (pág. 27)

> Con esto salieron desta calle a vna plaçuela donde auia gran concurso de viejas que auian sido damas cortesanas, y moças que entrauan a ser lo que ellas auian

---

[24] También en esto hay cierto parangón con su técnica dramática. Véase María Grazia Profeti, "Note critiche sull'opera di V. de G.", *Miscellanea di Studi Ispanici*, X (1965), págs. 93-100, donde recoge vívidas acotaciones que Vélez había puesto al margen de algunas comedias suyas.

sido, en grande contratacion vnas con otras. Preguntò el estudiante a su camarada que sitio era aquel, que tampoco le auia vista, y el le respondiò:—"este es el baratillo de los apellidos..."

(pág. 28)

A la mano derecha deste Seminario andante, estaua vn grande edificio a manera de Templo sin Altar, y en medio del vna pila grande de piedra llena de libros de Cauallerias y Nouelas, y alrededor muchos muchachos desde diez a diez y siete años y algunas doncelluelas de la misma edad, y Cleofas le preguntò a su compañero que le dixesse que era esto, que todo le parecia que lo iva soñando; el Cojuelo le dixo:—"algo tiene de esso este fantastico aparato, pero esta es, don Cleofas, en efecto, la pila de los dones, y aqui se bautizan los que vienen a la Corte sin el..."

(pág. 29)

Con esto salieron del soñado—al parecer—edificio, y enfrente del descubrieron otro cuya portada estaua pintada de sonajas, guitarras, gaitas çamoranas, cencerros, cascaueles, ginebras, caracoles, castrapuercos, pandorga prodigiosa de la vida, y preguntò don Cleofas a su amigo que casa era aquella que mostraua en la portada tanta variedad de instrumentos bulgares, "que tampoco la he visto en la Corte y me parece que ay dentro mucho regocijo y entretenimiento";—"esta es la casa de los locos..."

(pág. 31)

...y diziendo y haziendo se entraron los dos vno tras otro, passando un çaguan donde estauan algunos de los conualecientes pidiendo limosna para los que estauan furiosos, llegaron a vn patio quadrado cercado de celdas pequeñas por arriba y por abajo, que cada vna dellas ocupaua vn personaje de los susodichos. A la puerta de vna dellas estaua vn hombre muy bien tratado de vestido, escriuiendo sobre la rodilla y sentado sobre vna vanqueta sin leuantar los ojos del papel, y se auia sacado vno con la pluma sin sentillo. El Cojuelo le dixo: "aquel es vn loco aruitrista..."

(págs. 31-32)

Con esta conuersacion salieron de la casa susodicha, y a mano derecha dieron en vna calle algo dilatada que

> por vna parte y por otra estaua colgada de ataudes, y vnos sacristanes con sus sobrepellizes paseandose junto a ellos, y muchos sepultereros abriendo varios sepulcros; y don Cleofas le dixo a su camarada: —"¿que calle es esta, que me ha admirado mas que quantas he visto, y me pudiera obligar a hablar mas espiritualmente que con lo primero de que tu te admiraste?"—"esta es mas temporal y del siglo que ninguna—le respondia el Cojuelo— y la mas necessaria, porque es la roperia de los aguelos, donde qualquiera, para todos los actos possitiuos que se le ofrece y se quiere bestir de vn aguelo porque el suyo no le viene bien o està traido, se viene aqui, y por su dinero escoje el que le està mas aproposito.
>
> (págs. 34-35)

La libertad con que Vélez avanza y retarda la narración implica que había asumido una actitud relajada hacia el mundo de su creación. Esta actitud sólo es signo exterior del relajamiento del espíritu y del discurso.[25] Implica cierta distancia, tanto psíquica como perspectivista, entre el autor y su mundo creado.[26] Esta actitud se manifiesta estilísticamente en el uso de los tiempos narrativos, el imperfecto y el perfecto simple, que sirven como un 'filtro', que neutraliza la virtualidad afectiva de lo referido sobre el narrador y sobre nosotros los lectores. Nos alejan de lo que miramos, no tanto en el tiempo cuanto en el espacio,[27] de manera que presenciamos la acción y sentimos la tensión dramática del enredo sin estar comprometidos por ellos. No hace falta un cómputo estadístico para probar la existencia de este 'filtro' en las fases narrativas de *El Diablo Cojuelo*. Una breve revisión de los pasajes citados demuestra la clara preferencia por los tiempos verbales que indican el apartamiento vivencial del narrador de lo narrado. Vélez obviamente se recreaba en esta libertad, posible sólo en la narrativa, especialmente después de las restricciones exigidas por el Arte Nuevo. Pero aun así, en algunos momentos de las fases narrativas, especialmente hacia el comienzo del libro, vaciló ante las ilimitadas posibilidades de su

---

[25] Harald Weinrich, *Estructura y función de los tiempos en el lenguaje* (Madrid, Gredos, 1968), pág. 69.

[26] " 'Mundo' no significa aquí otra cosa que posible contenido de una comunicación lingüística", ibíd., pág. 67.

[27] Ibíd., pág. 77.

nueva libertad expresiva y se sintió obligado a dosificar las figuras que le parecieran excesivamente atrevidas. Hacia el fin del Tranco I, por ejemplo, hay dos *remedia* seguidos: "(bien aya los berros, que nacen vnos entrepernados con otros como vecindades de la Corte, *perdone la malicia la comparación*).—Asco le dio a don Cleofas la figura, aunque necessitaua de su fauor para salir del desuan, ratonera del Astrologo en que auia caido huyendo de los gatos que le siguieron—*saluo el guante a la metafora—*" (pág. 14). Vélez parece allanar sus dudas iniciales en la subsecuente elaboración de la historia, pero nunca abandona completamente las injerencias que explícitamente dieran a entender sus sentimientos personales sobre el objeto en cuestión. El hecho es que recurría con oportunidad a la irrupción subjetiva cuando en el curso de la narración tocó en una cuestión que atañía a su interés personal y pasional. Allí estalla su entusiasmo, su aquiescencia o su indignación, lo que por un momento cambia la tonalidad de la exposición. [28]

Casi todas las intromisiones subjetivas pueden explicarse por sus ambiciones personales y por el sentido decoroso y cortesano que Vélez siempre demostraba en sus obras. Pretendía medrar en la sociedad de la Corte; por eso tomó precauciones especiales de no violentar los gustos de la clase cortesana, y mucho menos insinuar que no era cristiano viejo, o al menos que no se conformara a la estrecha ortodoxia de aquella casta. [29] Por ejemplo, refiriéndose al astrólogo que tenía preso al Diablo Cojuelo, algo embarazosamente el autor agregó el apelativo, "dueño de aquella confusa y embustera ciencia" (pág. 11). A veces la intromisión consiste en una breve acotación que se aproxima al juicio moral:

---

[28] Sobre la irrupción subjetiva véase Helmunt Hatzfeld, *El "Quijote" como obra de arte del lenguaje*, segunda ed. española, refundida y aumentada, *RFE*, Anejo 93 (Madrid, C.S.I.C., 1966), pág. 209 y sigs.

[29] Desde hace años algunos críticos, no muchos, pero de primera categoría, se han fijado en el judaísmo de Vélez de Guevara. Véase Joaquín de Entrambasaguas, "Un tricentenario: Haz y envés de L. V. de G.", *Atenea*, XCVI (1950), 188-203; ídem., *Estudios sobre Lope* (Madrid, C.S.I.C., 1946), II, 256 y n. 96; Américo Castro, *Los españoles: Cómo llegaron a serlo* (Madrid, Taurus, 1965), pág. 34; Enrique Rodríguez Cepeda, ed., *La serrana de la Vera* (Madrid, Alcalá, 1967), págs. 14-15; ídem, en colaboración con Enrique Rull, *El Diablo Cojuelo*, ed. cit., págs. 11-14.

> Apenas acabò de dezir esto la güespeda, quando començaron a passar coches, carroças y literas y sillas, y Caualleros a cauallo, y tanta diuersidad de hermosura y de galas, que parecia que se auian soltado Abril y Mayo desatando las estrellas. Y don Cleofas con tanto ojo por ver si passaua doña Tomasa, que todavia la tenia en el coraçon, sin auerse templado con tantos desengaños. *¡O proclibe humanidad nuestra, que con los malos terminos se abrasa y con los agasajos se destempla!*
>
> (pág. 86. Énfasis mío.)

> ...le dixo el Cojuelo a don Cleofas:—"este Real Edificio es jaula sagrada de vn Seraphin or Seraphina que fue primero dulcissimo Ruiseñor del Tejo, cuya diuina y estrangera voz no cabe en los oidos humanos, y sube en Simetrica armonia a solicitar la Capilla Impirea, prodigio nunca visto en el Diapason ni en la Naturaleza, pero no por esso previlegiada de la embidia."
> A estos hiperboles iva dando carrete—*verdades pocas vezes executadas de su lengua*—...
>
> (pág. 102. Énfasis mío.)

Pero la gran mayoría de las intromisiones del autor son propiamente irrupciones subjetivas y responden a sus designios por mejorar su posición en la Corte. Los primeros casos de tales irrupciones son más bien fórmulas de cortesía que aclamaciones interesadas: "Conuidaronle a cenar vnos Caualleros soldados aquella noche, preguntandole nueuas de Madrid, y despues de auer cumplido con la celebridad de los brindis por el Rey—*Dios le guarde*—por sus damas y sus amigos..." (pág. 40. Énfasis mío.) Más adelante, y particularmente desde el Tranco VI, donde la narración adquiere un distinto sabor cortesano, la irrupción subjetiva se vuelve en adulación obsequiosa de ciertas figuras y familias distinguidas que pudieran favorecerle, adulaciones que a veces llegan a ser extensísimas:

> ...y dexando a la derecha a Palma, donde se junta Genil con Guadalquiuir por el Vicario de las aguas, Villa antigua de los Bocanegras y Portocarreros y de quien fue dueño aquel gran Cortesano y valiente Cauallero don Luis Portocarrero, cuyo coraçon excedio muchas varas a su estatura, y luego a la Moncloua, bosque deliciosissimo y Monte de Clouio, valeroso Capitan Romano, y pos-

session oy de otro Porto Carrero y Enriquez, no menos gran Cauallero que el passado, y a la hermosa Villa de Fuentes, de quien fue Marques el Vizarro y no vencido don Iuan Claros de Guzman el Bueno, que despues de muchos seruicios a su Rey, murio en Flandes con lastima de todos y embidia de mas, hijo de la Gran Casa de Medina-Sidonia, donde todos sus Guzmanes son Buenos por apellido, por sangre, y por sus personas esclarecidas, sin tocar al pelo de la ropa a Marchena, habitacion noble de los Duques de Arcos, Marqueses que fueron de Cadiz, de quien oy es meritissimo Señor el Excelentissimo Duque don Rodrigo Ponze de Leon, en quien se cifran todas las proezas y grandezas heroycas de sus antepassados, columbrando desde mas lexos a Villa-Nueua del Rio, de los Marqueses de Aluarez de Toledo y Beamonte, Marques suyo y Duque de Guesca, heredero Ilustre del Gran Duque de Alba, condestable de Nauarra...

(págs. 66-67)

Esta obsequiosidad interesada se hace más acusada en los trancos posteriores, tanto, que llega a desbordarse a las fases sermocinativas. Se ve un poco de ello en el trozo siguiente:

...y llegando a vna plaçuela, reparò don Cleofas en vn edificio sumptuoso de vnas casas que tenian vna portada ostentosa de alabastro y vnos corredores dilatados de la misma piedra. Preguntòle don Cleofas al Cojuelo que Templo era aquel, y el le respondio que no era Templo, aunque tenia tantas Cruzes de Ierusalen del mismo relieue de marmol, sino las Casas de los Duques de Alcala, Marqueses de Tarifa, Condes de los Molares y Adelantados Mayores de Andaluzia, cuya Grandeza ha heredado oy el Gran Duque de Medina Celi por falta de hijos herederos, que aunque fuera mayor no le hiziera mas, que por Fox y Cerda es lo mas que puede ser.

(págs. 77-78)

Aquí, a mediados del Tranco VII, parece que es Vélez quien relata los calurosos elogios de los nobles sevillanos, pero en realidad se trata de un discurso de Asmodeo referido en estilo indirecto, de modo que los motivos ulteriores del autor no parecieran tan descarados. En el siguiente tranco, cuando los dos camaradas y Rufina María presencian el paseo de la Corte madrileña en el espejo, la tendencia obsequiosa llega a su colmo. La relación se da en la fase sermocinativa; son los personajes quienes refieren y comentan la escena y enaltecen a las figuras que se mueven en ella. Vélez no figura directamente en la relación como narrador, pero el pasaje entero parece una larguísima irrupción subjetiva.

3. *Recapitulación y verificación de la acción.*

Relacionadas con eso que vengo diciendo acerca del avance y retardación del movimiento narrativo son la recapitulación y verificación de la acción por el autor en las fases narrativas. *El Diablo Cojuelo,* como toda obra de ficción, crea un mundo ficticio que define sus propios postulados. Quiero decir, contiene una limitada cantidad de evidencia que define y determina el orden que es operante en ese mundo. La representación verosímil de las causas, procesos y efectos de aquel mundo ficticio depende de la suficiencia de testimonios proporcionados por el narrador mediante la verificación, corroboración, certificación, etc., que a su vez dependen del sistema lógico que se crea por la obra.

Ahora bien, aunque el propósito de *El Diablo Cojuelo* es expositivo, el motivo que pretexta la exposición es la fuga de Asmodeo y Cleofás de las fuerzas vengativas de su sociedad. La fuerza promotora de la historia son el pleito del estudiante con doña Tomasa de Bitigudiño y el de su maestro diabólico con el Astrólogo, Cienllamas, Chispa y Redina. No obstante ello, su interés está suprimido en favor de la exposición de unidades anatomísticas. De vez en cuando el motivo de los pleitos surge en las fases sermocinativas, especialmente hacia la conclusión, cuando la urgencia de la fuga es más intensa (págs. 77, 84, 86, 93-94, 109), pero generalmente es el narrador quien recoge este motivo y lo pone al momento en el transcurso de la fábula para que el desenlace final no parezca fortuito. En varias ocasiones su recapitulación y verificación son muy extensas, y su técnica más o menos la misma que vimos cuando detalla una nueva situación contingente. Recoge las *evidentiae* que comprenden la totalidad causal y efectiva de varias acciones simultáneas y sus agentes:

> Dexemos a estos Caualleros en su figon almorçando y descansando, que sin dineros pedian las pajaritas que andauan volando por el ayre y al Fenix empanado, y

boulamos a nuestro Astrologo regoldano y Nigromante engerto, que se auia bestido con algun cuydado de auer sentido pasos en el desuan la noche antes, y subiendo a el halló las ruinas que auia dexado su familiar en los pedazos de la redoma y mojados sus papeles y el tal Espiritu ausente; y viendo el estrago y la falta de su Demoñuelo, començo a mesarse las barbas y los cabellos y a romper sus vestiduras como Rey a lo antiguo. Y estando haziendo semejantes extremos y lamentaciones, entrò vn Diablejo çurdo, moço de retrete de Satanas, diziendo que Satanas su señor le besaua las manos, que auia sentido la bellaqueria que auia vsado el Cojuelo, que el trataria de que se castigasse, y que entre tanto se quedasse el siruiendole en su lugar. Agradecio mucho el cuydado el Astrologo y encerrò el tal espiritu en vna sortija de vn topacio grande que traia en vn dedo, que antes auia sido de vn medico con que a todos quantos auia tomado el pulso auia muerto, y haziendo notorio a todos el delito del tal Cojuelo, mandaron despachar requisitoria para que le prendiessen en qualquier parte que le hallasen, y se le dio esta comission a Cienllamas, Demonio comissionario que auia dado muy buena quenta de otras que le auian encargado, y lleuandose consigo por corchetes a Chispa y a Redina, Demonios a las veinte, y subiendose en la mula de Liñan, saliò del infierno con vara alta de justicia en busca del dicho delinquente.

(págs. 37-38)

En este tiempo a nuestro Astrologo o Magico se lo auia lleuado de vna Apoplexia el Demoñuelo Zurdo que sostituìa al Cojuelo, y baxo a pedir justicia a Luzifer en el güeso del Alma, sin las mondaduras del cuerpo, del quebrantamiento de su redoma, y doña Tomasa, no oluidando los desaires de don Cleofas, trataua con otra requisitoria de venir a Seuilla con vn galan nueuo que tenia, soldado de los Galeones, para tomar vengança, casandose con el Licenciado Bireno de Madrid la Olimpia de mala mano, sabiendo que se auia escapado allà; don Cleofas y su camarada no salian de su posada por desmentir las espias de Cienllamas y de Chispa y Redina, y subiendose a vn terrado vna tarde, de los que tienen todas las casas de Seuilla, a tomar el fresco y a ver desde lo alto mas particularmente los edificios de aquella populosa Ciudad, estomago de España y del mundo, que reparte a todas las Prouincias del la sustancia de lo que traga a las Indias en plata y oro, que es Abestruz de la

Europa, pues digiere mas generosos metales, espantandose don Cleofas de aquel numeroso exercito de edificios, tan epilogado que si se derramara no cupiera en toda la Andaluzia...

(págs. 78-79)

Ya para executar su disignio auia tomado doña Tomasa—que siempre tomaua, por cumplir con nombre y su condicion—vna litera para Sevilla, y vna azemila en que lleuar algunos baules para su ropa blanca y algunas galas, con las del dicho galan soladdo, que metiendose los dos de la dicha litera partieron de Madrid como vnos hermanos con la requisitoria que hemos referida, y a nuestro Astrologo no le auian dado sepultura sobre las varajas de vn testamento que auia hecho vnos dias antes y descubrieron en vn escritorio vnos deudos suyos, y estaua la justicia poniendo en razon esta litispendencia; y el Cojuelo y don Cleofas, que auian dormido hasta las dos de la tarde por auer andado rondando la noche antes la mayor parte della por Seuilla, despues de auer comido algunos pescados regalados de aquella Ciudad y del pan que llaman de Gallegos, que es el mejor del mundo, y auiendo dormido la siesta—bien que el compañero siempre velaua, haziendo diligencias para lisongear a su dueño en razon de su delito—se subieron al dicho terrado como la tarde antes, y enseñandole algunos particulares edificios a su compañero, de los que auian quedado sin referir la tarde antes en aquel golfo de pueblos, suspirò dos vezes don Cleofas y preguntòle el Cojuelo...

(págs. 83-84)

En este último, la verificación y recapitulación del pleito de don Cleofás y doña Tomasa desbordan en la subsecuente fase sermocinativa:

...—"¡de que te has acordado, amigo?; ¿que memorias te han diuidido essas dos exalaciones de fuego desde el coraçon a la boca?"—"Camarada—le respondio el Estudiante—acordeme de la calle Mayor de Madrid y de su insigne passeo a estas horas, hasta dar en el Prado;"—"facil cosa serà verle—dixo el Diablillo—tan al viuo como està passando agora; pide vn espejo a la güespeda y tendras el mejor rato que has tenido en tu vida, que aunque yo por la posta, en vn abrir y cerrar de ojos, te pudiera poner en el, porque las que yo conozco comen alas del viento por cebada, no quiero que dexemos a

Seuilla hasta ver en que paran las diligencias de Cienllamas y las de tu dama, que viene caminando acà, y me hallo en este lugar muy bien, porque alcançan a el las conciencias de Indias."

(pág. 84)

En otras ocasiones el narrador evoca la simultaneidad de los sucesos mediante una sencilla frase adverbial con un verbo en tiempo imperfecto, y no pocas veces acompañada por la forma verbal de presencia, el gerundio: "En este tiempo, sobre la paga de lo que auian almorçado, auian tenido vna pesadumbre el reuoltoso Diablillo y don Cleofas con el figon..." (pág. 38); "En este tiempo nuestros caminantes, tragando leguas de aire como si fueran Camaleones de alquiler, auian passado a Adamuz..." (pág. 59); "En este tiempo llegauan a Gradas su camarada y don Cleofas, tratando de mudarse de aquella posada..." (pág. 109). La visión totalizadora del narrador también comprende el simultáneo desenlace final de los pleitos que originalmente pretextaron la fábula. Prepara el desenlace con la relación anecdótica de la burla de doña Tomasa y del alguacil. A esto sigue otra anécdota de cómo Cienllamas, Chispa y Redina quisieron prender al Cojuelo, de cómo éste tomó asilo en un escribano y fue defendido por una cuadrilla de sastres, y de cómo el concejo infernal autorizó la perdición de todos. Luego sigue una larga oración hipotáctica con que se rematan de una vez todos los intereses que dieron lugar al enredo:

> Executòse como se dixo, y fue tanto lo que los reboluio el Escriuano despues de auerle hecho gormar al Cojuelo, que tuuieron por bien los Iuezes de aquel partido echallo fuera y que se boluiesse a su Escritorio, dexando a los Sastres en rehenes para vnas libreas que auian de hazer a Luzifer a la festiuidad del nacimiento del Ante Christo; Tratando doña Tomasa, desengañada, de passarse a las Indias con el tal soldado, y don Cleofas de boluerse a Alcala a acabar sus Estudios, auiendo sabido el mal sucesso de la prision de su Diablillo, desengañado de que hasta los Diablos tienen sus Alguaziles y que los Alguaziles tienen a los Diablos.

(págs. 119-120)

Otra técnica verificativa es la manera en que el narrador maneja el tiempo y el espacio. A lo largo de la obra se notan precisas especificaciones de la hora y del lugar. Este fenómeno no ha quedado inadvertido por la crítica,[30] pero hasta el momento nadie ha esclarecido la funcionalidad del detalle espacio-temporal como elemento constitutivo de la forma significativa de *El Diablo Cojuelo*. En principio, la precisión del espacio y tiempo presta verosimilitud a la proposición fantástica del libro. Al evidenciar los lugares específicos en que se mueven sus protagonistas, Vélez mitiga la sobrenaturalidad de las situaciones, evitando así los matices alegóricos que resolvieran a priori la tensión voluntaria e intelectual del lector que es necesaria al propósito satírico. La verificación del espacio está más reconcentrada en los momentos donde la acción fabulosa está en su mayor grado imaginario. La relación de la fuga aérea de Asmodeo y Cleofás, por ejemplo, no sólo sigue un itinerario que es empíricamente verificable —Madrid, Getafe, Toledo, Torrejón, Visagra, Sierra Morena, Ciudad Real, Adamuz, Alcolea, Córdoba, Écija, Carmona, Sevilla—, sino que también incorpora el color local y regional asimismo verificable, que comprobara la 'veracidad' del viaje:

> ... auian passado a Adamuz, del gran Marques del Carpio Haro y Nouilissimo decendiente de los Señores antiguos de Vizcaya, y padre Ilustrissimo del Mayor Mecenas que los antiguos ingenios y modernos han tenido, y Cauallero que igualò con sus generosas partes su modestia. Y auiendose soruido los siete vados y las ventas de Alcolea, se pusieron a vista de Cordoua por su fertilissima campiña y por sus celebradas dehessas gamenosas, donde nacen a pazen tantos brutos hijos del Cefiro, mas que los que fingio la antiguedad en el Tajo Portugues; y entrando por el Campo de la Verdad—pocas vezes pisado de gente deste calaña—a la Colonia y populosa Patria de dos Senecas y vn Lucano y del Padre de la Poesia Española, el celebrado Gongora, a tiempo que se celebrauan fiestas de toros aquel dia y juego de cañas, acto possitiuo que mas excelentemente Executan los Caulleros de aquella Ciudad, y tomando posada en el meson de las rejas, que estaua lleno de forasteros que auian concurrido a esta celebridad, se apercibieron para ir a vellas,

---

[30] Aubrun, art. cit., págs. 57-73; Cepeda y Rull, *El Diablo Cojuelo*, 33-46.

limpiandose el poluo de las nubes, y llegando a la Corredera, que es la plaça donde siempre se hazen estas festiuidades, se pusieron a ver vn juego de esgrima que estaua en medio del concurso de la gente, que en estas ocasiones suele siempre en aquella Prouincia preceder a las fiestas...

(págs. 59-60)

...subiendose los dos camaradas la cuesta arriba a la recien bautizada Ciudad de Carmona, atalaya del Andaluzia, de Cielo tan sereno que nunca le tuuo y adonde no han conocido al catarro si no es para seruille: y tomando refresco de vnos conejos y vnos pollos en vn meson que se llama de los Caualleros, passaron a Seuilla, cuya Giralda y Torre tan celebrada se descubre desde la venta de Peromingo el Alto, tan hija de vezino de los aires, que parece que se descalabra en las Estrellas. Admirò a don Cleofas el sitio de su dilatada población y de la que hazen tantos diuersos vageles en el Guadalquiuir, valla de cristal de Seuilla y de Triana, distinguiendose de mas cerca la hermosura de sus edificios, que parece que han muerto Virgenes y Martires, porque todos estan con palmas en las manos, que son las que se descuellan de sus peregrinos pensiles, entre tantos cidros, naranjos, limones, laureles y cipreses: Llegando en breue espacio a Torreblanca, vna legua larga desta insigne Ciudad, desde donde comiença su Calçada y los caños de Carmona, hermosissima puente de Arcos por donde entra el rio Guadaira en Seuilla, cuya hidropica sed se le bebe todo, sin dexar apenas vna gota para tributar al mar, que es solamente el rio en todo el mundo que está preuilegiado deste pecho, haziendo mayor la belleza desta entrada infinitas granjas por vna parte y por otra, que en cada vna se cifra vn jardin terrenal, graniçando azahares, mosquetas y jazmines Reales.

(págs. 76-77)

Los paseos de la pareja en Sevilla les ponen en contacto con ordinarios tipos y situaciones de la vida cotidiana. Ahí el choque entre la realidad empírica y la fantasía habría alterado la modalidad satírica de los últimos trancos si no fuese atenuado por los exactos acotamientos tanto del narrador como de los personajes. Al nombrar los barrios, calles y lugares de interés la escenografía de la acción se corrobora a punto fijo:

Entrandose en la Ciudad los dos a buen passo y guiando el Cojuelo, la barba sobre el hombro, fueron hilbanando calles, y llegando a vna plaçuela, reparò don Cleofas en vn edificio sumptuoso de vnas casas que tenian vna portada ostentosa de alabastro y vnos corredores dilatados de la misma piedra... con esta platica llegaron a la Cabeça del Rey don Pedro, cuya calle se llama el Candilejo, y atrauesando por cal de Abades, la Borcinigueria y el Atambor, llegaron a las calles del Agua, donde tomaron posada, que son las mas recatadas de Seuilla.

(págs. 77-78)

Y saliendose al exercicio de la noche passada, aunque las calles de Seuilla en la mayor son hijas del Lauerinto de Creta, como el Cojuelo era el Tesseo de todas, sin el ouillo de Ariadna, llegaron al Barrio del Duque, que es vna plaça mas ancha que las demas, ilustrada de las ostentosas casas de los Duques de Sidonia, como lo muestra sobre sus armas y Coronel—vn niño con vna daga en la mano, segundo Esac en el hecho como essotro en la obediencia—el dicho que murio sacrificado a la lealtad de su padre don Alonso Perez de Guzman el Bueno, Alcayde de Tarifa; aposento siempre de los Assistentes de Seuilla y oy del que con tanta aprouacion lo es, el Conde de Saluatierra, Gentilhombre de la Camara del señor Infante Fernando y segundo Licurgo del gouierno. Y al entrar por la calle de las Armas, que se sigue luego a siniestra mano, en vn gran quarto baxo cuyas rejas rasgadas descubrian algunas luzes, vieron mucha gente de buena capa sentados con grande orden, y vno en vna silla con vn bufete delante, vna campanilla, recado de escribir y papeles, y dos acolitos a los lados, y algunas mugeres con mantos de medio ojo sentadas en el suelo, que era vn espacio que hazian los assientos...

(págs. 97-98)

...y don Cleofas y el Cojuelo se baxaron àzia el Alameda con pretexto de tomar el fresco en la Almenilla, valuarte bellissimo que resiste a Guadalquiuir, para que no anegue aquel gran pueblo en las continuas y soberuias auenidas suyas. Y llegando a vista de san Clemente el Real, que estaua en el camino a mano izquierda, Conuento Ilustrissimo de Monjas, que son señoras de todo aquel barrio y de vassallos fuera del, Patronazgo magnifico de los Reyes, fundado por el Santo Rey don Fernando porque el dia de su aduocacion ganò aquella Ciudad de los Moros...

(pág. 102)

Más adelante los acotamientos del espacio sevillano, si no tan extensos, son igualmente virtuales en acerar la copresencia de lo real y lo fantástico, situación de que dependen en gran parte los efectos satíricos del final de la obra.

> En este tiempo llegauan a Gradas su camarada y don Cleofas, tratando de mudarse de aquella posada, porque ya tenia rastro dellos Cienllamas, quando vieron entrar por la posta, tras vn postillon, dos Caualleros soldados vestidos a la Moda, y dixole el Cojuelo a don Cleofas:—"estos van a tomar posada y apearse a Caldeuayona o a la Paxeria, y es tu dama y el soldado que viene en su compañia, que por acabar mas presto la jornada dexaron la litera y tomaron postas;"

(pág. 109)

> ...y ya a estas horas estauan los dos camaradas tan lexos dellos, que auian llegado al rio y al passage que llaman, por donde passan de Seuilla a Triana y bueluen de Triana a Seuilla, y tomando vn barco, durmieron aquella noche en la calle del Altozano, calle Mayor de aquel ilustre arrabal...

(pág. 118)

> Saliendo en este tiempo por cal de Tintores a la plaça de san Francisco, y auiendo andado muy pocos passos, boluio la cabeça y vio que le venian siguiendo Cienllamas, Chispa y Redina...

(pág. 119)

Pero aunque estos detalles se corroborasen por la historia, las *evidentiae* del ambiente efectivamente nada tienen que ver con la realidad externa, lo mismo como las precisas acotaciones temporales contribuyen poco o nada al sentido cronológico de la fábula. Se trata más bien de espacio y tiempo virtuales cuyas relaciones internas se explican mejor en términos de la visión del mundo expresada por la obra en conjunto.

He dicho más de una vez que *El Diablo Cojuelo* evoca un mundo desarticulado mediante el movimiento irregular de la exposición de inconexos sectores espaciales y sociales. Esta visión del mundo es reforzada también por el tratamiento de la dimensión espacial evocada en el libro. Ya vimos que la ambientación de la historia se realiza con *evidentiae* que por su naturaleza son visuales y estáticas. La evocación visual del espacio sensible a lo Vélez de Guevara trae a memoria el concepto de *espacio virtual* desarrollado por Susan K. Langer:

> ...the space in which we live and act is not what is treated in art at all. The harmoniously organized space in a picture is not experiential space, known by sight and touch, by free motion and restraint, far and near sounds, voices lost or reechoed. It is an entirely visual affair; for touch and hearing and muscular action it does not exist. For them there is a flat canvas, relatively small, or a cool blank wall, where for the eye there is deep space full of shapes. This purely visual space is an illusion, for our sensory experiences do not agree on it in their report. Pictorial space is not only organized by means of color (including black and white and the gamut of grays between them), it is created; without the organizing shapes it is simply not there. Like the space "behind" the surface of a mirror, it is what physicists call "virtual space"—an intangible image.
> This virtual space is the primary illusion of all plastic art. Every element of design, every use of color and semblance of shape, serves to produce and support and develop the picture space that exists for vision alone. Being only visual, this space has no continuity with the space in which we live; it is limited by the frame, or by the surrounding blanks, or incongruous other things that cut it off. Yet its limits cannot even be said to *divide* it from practical space; for a boundary that divides things always connects them as well, and between the picture space and any other space there is no connection. The created virtual space is entirely self-contained and independent.[31]

La virtualidad del espacio en *El Diablo Cojuelo* es la misma tanto para los protagonistas como para nosotros, los lectores. Para ellos, así como para nosotros, los sectores espaciales que se encuentran en el curso de la narración no son espacios experienciales; son

---

[31] *Feeling and Form*, pág. 72.

puramente visuales, sin continuidad entre el uno y el otro. Son una serie de espacios virtuales, autónomos e independientes, cuyo único factor unificador es la presencia aprensiva del Cojuelo y su joven compañero, quienes 'atrancan' desde un espacio virtual a otro sólo después de haber registrado todos sus elementos sensibles. De esta manera, *El Diablo Cojuelo* verifica un mundo desacoplado, verificación que se percibe tanto desde dentro como desde fuera del marco de su espacio virtual.

Parecido es el efecto de las puntuales anotaciones del tiempo. La historia del Diablo Cojuelo y don Cleofás abarca tres días veraniegos, pero, paradójicamente, el sentido de duración cronológica está desmentido precisamente por la insistencia en el detalle temporal. En realidad no existe en *El Diablo Cojuelo* eso que podría llamarse duración eficaz. Desde luego, hay noticias incidentales que certifican el curso de la fuga de los protagonistas, pero como el interés de la obra no es su historia novelesca, sino la exposición imaginativa y conceptual de los objetos del mundo como materia inteligible, no percibimos los procesos duraderos de ese mundo. Lo que sí percibimos es una serie de desacoplados espacios virtuales cuyos objetos sensibles están en su apogeo.[32] A "las onze en punto" acaban las perversas diversiones en las playas del Manzanares; a la una se ven enfermedades, actos fisiológicos y biológicos, juntas de brujas, adulterios y peleas de jugadores; al amanecer, el movimiento y polvareda del callejeo, los estravagantes aderezos de los cortesanos; etc., etc. Para no perder aquellos objetos en el trance de su forma inteligible, el narrador

---

[32] "For the ancients, indeed, time is theoretically negligible, because the duration of a thing only manifests the degradation of its essence; it is with this motionless essence that science has to deal. Change being only the effort of a form toward its own realization, the realization is all that concerns us to know. No doubt the realization is never complete; it is this that ancient philosophy expresses by saying that we do not perceive form without matter. But if we consider changing object at a certain essential moment, at its apogee, we may say that there it just touches its intelligible form. This intelligible form, this ideal, and, so to speak, limiting form, our science seizes upon. And possessing in this the goldpiece, it holds eminently the small money, which we call becoming or change. This change is less than being. The knowledge that would take it for object, supposing such knowledge were possible, would be less than science" (Henri Bergson apud Wyndham Lewis, *Time and Western Man* [Boston, Beacon Press, 1957], págs. 163). Véase también F. Maldonado de Guevara, "El tiempo y sus secuencias estéticas", *RIE*, XXVI (1968), 3-24.

suspende el fluir temporal, de modo que en la misma manera que verifica un mundo sensible con parcelas aisladas de espacio virtual, concibe la temporalidad de aquel mundo en desarticulados núcleos de tiempo virtual, asimismo repartidos en trancos.[33] En este sentido *El Diablo Cojuelo* es más o menos típico del género anatomístico. Tiende a destruir el significado del tiempo para reconstruir una nueva etiqueta de valores temporales.[34]

La fase dialogal. El mundo comentado.

La fase sermocinativa, o dialogal, de la elaboración de *El Diablo Cojuelo* es muy distinta de la fase narrativa tanto en su funcionamiento interno como en los efectos que produce. En esta fase las contingencias establecidas por el narrador son particularizadas y comentadas por medio de los donairosos coloquios

---

[33] Langer ilustra el *tiempo virtual* con la música, pero no por eso es el concepto menos válido para la literatura. Véase *Feeling and Form*, págs. 109-110.

[34] "It is a commonplace in criticism of the novel that the novel is the most time-conscious of the arts, a consciousness that manifests itself in the choice and portrayal of the novel's subject, in the novelist's awareness of the way in which his work is experienced by the reader, in the mutations of the technique of the novel, and in the thematic concerns so pervasive that it would be possible to say, of nearly any novel, that it is to a significant degree, 'about' time. Romance, on the other hand, tends to take place outside of time, in an idealized world where 'long ago' and 'years later' can be sufficiently operative phrases. Anatomy, unlike either novel or romance, tends to destroy the significance of time, on occasion to reconstruct a system of time values calculatedly different from those of the novel. In Gargantua's Abbey of Thélème it is decreed that there shall be no clocks, since it is the greatest foolishness in the world to regulate one's conduct by the tinkling of a time-piece, instead of by intelligence and good common sense' (Putman trans.). In Melville's *The Confidence Man* everything takes place on April Fool's Day. No phrases in Diderot's *Le Neveau de Rameau* are more heavily charged with self-mocking irony than those that are translated 'sooner or later', 'now and then', 'little by little', 'by and by'. Nearly every theory in Peacock's fiction has to do with time, all of the wistful regressions, all of the facile progressivisms. Yet they occur in a world that moves, in a slow-motion dance, between dinner table and drawing room. In all utopian works, it is history which is conceptually and imaginatively important, not time. Finally it is significant that the two works, *Tristram Shandy* and *Orlando*, in which time is important but re-shaped more audaciously than in any novel, are both enthusiastically within the tradition of anatomy" (Stevick, art. cit., pág. 158).

de Asmodeo y Cleofás, de manera que la modalidad de la perspectiva no es la misma en ambas fases, hecho del cual proceden varias divergencias.

En primer lugar, hemos visto cómo la visión de la fase narrativa es siempre omnisciente y libérrimamente móvil. El narrador puede a su gusto concentrar o explayar el enfoque de su visura, pero es siempre a fin de establecer nuevas contingencias que tratar en la subsecuente fase dialogal. A la inversa, la visión de las fases dialogales es escénica e inmóvil. Paradójicamente, mientras el arte diabólico del demonio más travieso del Bajo Mundo permite una omnisciencia escénica que descubre "la carne del pastelón de Madrid" y de otros lugares, la movilidad y visión panorámica de Asmodeo y don Cleofás están muy restringidas. No llegan a comprender las fuerzas causales de las situaciones que acechan ni perciben los procesos evolutivos de sus propias andanzas. Exponen y comentan los objetos rápida y sencillamente, sin parar mientes en sus principios, medios y fines. Sólo les interesa el objeto como materia aprehensible. De ahí que el principal vehículo expresivo de sus diálogos sea la construcción sintáctica más conveniente para la exposición derecha y casual, la oración distributiva y paratáctica.

Como carecen de la habilidad comprensiva y movilidad que les hagan agentes de la acción, Asmodeo y Cleofás son más bien pacientes de las maquinaciones del narrador. Su función está reducida a la de comentaristas de desarticuladas parcelas de ideas, pseudo-ideas, actitudes, caracteres, tipos, vicios, costumbres, en fin, de las unidades anatomísticas que se les presentan a través de las fases narrativas. Desde luego, el Cojuelo y el estudiante no son completamente pasivos frente a su mundo. Hay momentos en que intervienen en la acción, pero allí su iniciativa se toma dentro de confines bastante limitados y no avanza el proceso la narración. Si hay alguna excepción a este patrón sería el fin del Tranco X, cuando doña Tomasa y su soldado, acompañados de la justicia, alcanzan a don Cleofás, y el Cojuelo soborna al alguacil. Pero allí el episodio es referido por el autor en el modo narrativo panorámico, lo que tiende a anular la eficacia de la actuación de los protagonistas.

Otra divergencia entre la fase dialogal y la fase narrativa se relaciona con la que precede: tiene que ver con la actitud de los personajes frente a su medio ambiente. Antes advertimos, de acuerdo con Harald Weinrich, la actitud relajada como nota general de las fases narrativas de *El Diablo Cojuelo*, actitud que, respecto del cuerpo, sólo es signo exterior del relajamiento del espíritu y del discurso. No menos útil para esclarecer las fases dialogales es lo que ha dicho Weinrich acerca de las situaciones comunicativas no narrativas: "Valga, a la inversa, la actitud tensa, tanto del cuerpo como del espíritu, como nota general de la situación comunicativa no narrativa. En ella el hablante está en tensión y su discurso es dramático porque se trata de cosas que le afectan directamente. Aquí el mundo no es narrado, sino comentado, tratado. El hablante está comprometido; tiene que mover y tiene que reaccionar y su discurso es un fragmento de acción que modifica el mundo en un ápice y que a su vez, empeña al hablante también en un ápice".[35] La distinción, mientras válida para la mayoría de las comunicaciones no narrativas, lo es sólo en parte en cuanto a *El Diablo Cojuelo* y muchas obras más que pertenecen al género anatomístico. Digo esto porque en la anatomía son inexistentes las dinámicas y determinantes relaciones entre el personaje y su medio ambiente como se encuentran en las novelas en Cervantes, Defoe, Hardy, Balzac, Flaubert, Galdós, Baroja, Conrad, Joyce y otros. En las fases dialogales de *El Diablo Cojuelo* los verbos en el tiempo presente estilísticamente servirían de índice a la tensión vivencial entre Asmodeo y Cleofás y su mundo. Pero éstos, lo mismo que los interlocutores de toda anatomía, están relativamente a salvo de las represalias por los objetos de su atención. Están intelectualmente presentes, pero no se comprometen corporalmente con lo presenciado. Esto es un factor decisivo, porque la realización de la anatomía depende de la absoluta libertad de exponer el mundo en términos de un solo patrón intelectual. Cuando los interlocutores participan activamente en el episodio, su presencia sirve solamente para animar a la gente de aquel mundo, como ocurre con los actores del Mesón de la Sevillana, o con los cuatro extranjeros del Mesón de Durazután, o bien, los esgrimidores cordobeses, los ciegos ecijanos o los literatos sevillanos, los protagonistas siempre pueden salir a salvo. De este modo, el fragmento de acción modifica el mundo

---

[35] Ob. cit., pág. 69.

en un ápice, como Weinrich ha dicho, pero sin comprometer a los interlocutores.

Por otro lado, el Cojuelo y el estudiante están completamente sujetos a los antojos del narrador. Es el narrador quien determina la perspectiva desde la cual exponen los varios sectores espaciales sociales. Del narrador depende el destino de Asmodeo y Cleofás. Y como éstos son portavoces del narrador, es últimamente con referencia a él que cabe hablar de la actitud tensa de los personajes en cuanto comentaristas frente al mundo que es el objeto de su escrutinio. A fin de cuentas, estas cuestiones se remontan al fundamental modo indirecto de la sátira. Para disimular las proyecciones personales que hay en la obra, Vélez ventiló sus censuras y juicios por medio de los diálogos de sus personajes, quienes al fin tendrán que sufrir las consecuencias de su comportamiento travieso. El estrepitoso castigo recibido por Asmodeo a manos de Cienllamas, Chispa y Redina simbólicamente mitiga la irritación sentida por el lector contemporáneo al terminar la obra. Por así decirlo, expende su energía vengativa contra el autor, de manera que Vélez no tuvo que recorrer ningún peligro por haber desmentido los valores mayoritarios que mantuvo con tanto apego en su vida pública.

Consideremos ahora en más detalle la técnica expositiva del mundo comentado en las fases dialogales.

Teóricamente, el propósito del diálogo no es reproducir la conversación de un modo naturalista, sino, a guisa de la plática, suplir las deficiencias de la conversación; ser divertido donde la conversación está sin filo, ser sucinto donde la conversación es balbuciente y confusa. El método del diálogo es el de todas las artes: intensificación a fuerza de la disciplina selectiva y ordenativa. En la novela, así como en las otras formas narrativas y dramáticas, el diálogo desempeña tres funciones básicas, que son: avanzar la trama, demostrar carácter, y crear atmósfera y ambiente. Pero cuando se piensa en la urdimbre de la forma dialogada que han realizado sus más renombrados cultivadores —Platón, Cicerón, Luciano, Boecio, Erasmo, Voltaire—, se ve que estas generalidades no vienen muy a propósito. En aquellos genios hay poco o ningún interés por el enredo. Sus diálogos se distinguen por una sencilla *thesis* —el desarrollo de una proposición general—, por sus elementos mímicos y por el hecho de que generalmente contienen varias tesis diferentes.[36] Además, apenas describen a las figuras, porque la caracterización de los personajes nunca se consideró como absolutamente indispensable ni como un aspecto integral del diálogo. Como era cuestión de una discusión —de una *dis-sertatio,* o una *dis-putatio*—, la exposición de la tesis era más importante que la personalidad que la sostenía.[37] Igualmente en cuanto al ambiente: no cabe duda de que la escenografía se sugiere en el curso del diálogo,[38] pero como no hay ninguna relación tensiva entre interlocutores y medio ambiente, su importancia está muy reducida. Su función es puramente situacional y sólo a la de veces modifica la exposición de la tesis, como ocurre, por ejemplo, en *El banquete* de Platón. Aunque hay algún parentesco entre el diálogo y la poesía dramática, así como la épica, con su invención, su etopeya, su trama y sus elementos embellecedores, el diálogo se consideraba, tanto por los modernos como por los antiguos, como perteneciente al reino de la filosofía, la cual distinguió entre la exposición filosófica objetiva y rigurosa de una parte, y la forma estética, subjetiva y personal de otra. Así, cabe aproximarnos al diálogo no como a una mímesis o representación figurativa dramática o épica, atendiendo a su trama, personajes y lenguaje, sino como a una exposición filosófica en la que se elabora alguna tesis mediante dos o más interlocutores.

Ahora bien, todo diálogo, desde la charla más ruda hasta los eruditos coloquios de la academia, se caracteriza por dos planos funcionales: la observación y la aprehensión. Por muchas que sean las variaciones, el diálogo siempre presenta a un tipo encontradizo e intelectivo que plantea y desarrolla una tesis hecha a base de sus observaciones, y a una figura comprensiva cuya presencia y reacciones sirven para verificar lo expuesto. Las más veces, se trata de una pareja antinómica, como un anciano y un joven, o un experto y un ingenuo —*L'Ingenu* de Voltaire, por

---

[36] Michel Ruch, *Le préambule dans les oeuvres philosophiques de Cicéron: Essai sur la genèse et l'art du dialogue,* Publications de la Faculté des Lettres de l'Université de Strasbourg, 136 (Paris, Société d'Editions Les Belles Lettres, 1958), pág. 20.
[37] Ibíd.
[38] Sobre esto ha escrito con gran perspicacia Alfred R. Bellinger, "Lucian's Dramatic Technique", *Yale Classical Studies,* I (1928), 3-40.

ejemplo—. En la Antigüedad este patrón se hizo un tópico de que se aprovecharon con ventaja ambas corrientes estilísticas de la filosofía, desde las nítidas exposiciones platónicas por un lado, a la sátira formal cultivada por Lucilio, Horacio, Persio y Juvenal,[39] hasta los libremente estructurados diálogos lucianescos por otro. Nuestro Vélez de Guevara se sirvió del mismo e hizo con él una manera de *tirocinium fori* novelesco,[40] un "Seminario andante" (pág. 29) en que el Diablo Cojuelo hace el papel de monitor, esto es "El que amonesta y adviente, avisando lo que se debe hacer, y previniendo lo que se debe evitar" (*Autoridades*, I, 89), y Cleofás, el discípulo.

La pericia del Diablo Cojuelo en las cosas del mundo es establecida por su propio testimonio al momento de su primera aparición. Se destaca por su patronato de los pecados veniales y de los trucos y diversiones ociosos: "yo soy las pulgas del infierno, la chisme, el enredo, la vsura, la mohatra; yo truje al mundo la çarabanda, el deligo, la chacona, el bullicuzcuz, las cosquillas de la copana, el guiriguirigay, el çambapalo, la mariona, el auilipinti, el pollo, la carreteria, el hermano bartolo, el carcañal, el guineo, el colorin colorado; yo inuentè las pandorgas, las jacaras, las papalatas, los comos, las mortecinas, los titeres, los bolatines, los saltambancos, los maesse corales..." (pág. 12). Pecadillos y devaneos: éstos son la invención del Diablo Cojuelo que se demuestran

---

[39] La naturaleza dialéctica de la exposición en la antigua sátira romana fue esclarecida hace años por Mary Claire Randolph. Sus palabras acerca de la armazón estructural de aquellas composiciones ayudan mucho para mejor comprender la tradición con que estoy parangonando *El Diablo Cojuelo*: "An outer shell-like framework encloses the entire piece; more likely than not a combative hollow man or interlocutor, an Adversarius, who may be identified by name and occupation or who may remain shadowy and anonymous, serves as a whip and spur to the Satirist, now baiting him with a question, now thrusting in a barbed rejoinder calculated to draw out from him fresh comment and anecdote concerning the vice in question. Sometimes this second figure is only a straw decoy who utters no word but simply listens throughout the Satirist's monologue; sometimes he is a pessimistic hard-headed Mentor; again he is an annoyingly irrational person who early detaches himself from a crowd and draws near the Satirist; very rarely is he such a one as can cleverly turn the tables on the Satirist himself", Véase "The Structural Design of the Formal Verse Satire", *Philological Quarterly*, XXI (1942), 368-384. La cita es de la pág. 372.

[40] Véase M. L. Clarke, *Rhetoric at Rome: A Historical Survey* (London, Cohen and West, 1953), pág. 20.

en cada escena del "teatro donde tantas figuras representan". En su papel de monitor, Asmodeo expone la locura española a su discípulo como el artesano que muestra su taller a la visita. Le hace ver en detalle a España como un vacío sin sentido ninguno: alude a las masas analfabetas, a los nombres falsos, a aquel sujeto que va a probarse en una ropería el nombre de otro abuelo, etc.

El carácter de Cleofás, como término aprensivo de la situación dialéctica, asimismo se establece en el momento de su primer careo. Al punto sabemos que es "estudiante de profesion", curioso "como quien profesaua letras" y deseoso de saber las cosas del mundo ("v. m. [el Diablo Cojuelo] me conozca por su seruidor, que ha muchos días que le desseaua conocer"). Estas *evidentiae* iniciales se corroborarán a lo largo de la obra por epítetos referidos a él como "el Estudiante", "el Licenciado" y "mas amigo del saber" (pág. 41), por sus preguntas y demandas a lo adversario de la sátira romana [41] y por las advertencias de sus reacciones aprensivas a las observaciones de su ayo: "—'Vamonos de aqui, no nos embarguen por alguna locura que nosotros ignoramos, porque en el mundo todos somos locos los vnos de los otros.'—El Cojuelo dixo:—'Quiero tomar tu consejo, porque, pues los Demonios enloquecen, no ay que fiar de si nadie;'—'desde vuestra primera soberuia—dixo don Cleofas—todo los estais, que el infierno es casa de todos los locos mas furiosos del mundo.'— 'Aprouechado estàs—dixo el Cojuelo—pues hablas en lenguage ajustado' " (pág. 34). Al comienzo de la historia don Cleofás desea acompañar al Diablo Cojuelo porque tiene ganas de saber las cosas del mundo, pero su carrera con el monitor diabólico termina en una nota de desengaño absoluto. Vuelve a Alcalá a acabar sus estudios "auiendo sabido el mal sucesso de la prisión de su Diablillo, desengañado de que hasta los Diablos tienen sus Alguaziles y que los Alguaziles tienen a los Diablos" (págs. 119-120). La vivencia del proceso cognoscitivo que puede terminar sólo en el desengaño del sujeto fue expuesta con suma claridad por Quevedo en *El mundo por dentro,* y no es improbable que Vélez pensara en éste cuando ideaba el carácter de su protagonista:

> Es nuestro deseo siempre peregrino en las cosas desta vida, y así, con vana solicitud, anda de unas en otras,

---

[41] Véase Randolph, art. cit., pág. 372.

sin saber hallar patria ni descanso. Aliméntase de la variedad y diviértese con ella, tiene por ejercicio el apetito y éste nace de la ignorancia de las cosas. Pues, si las conociera, cuando cudicioso y desalentado las busca, así los aborreciera, como cuando, arrepentido, las desprecia. Y es de considerar la fuerza grande que tiene, pues promete y persuade tanta hermosura en los deleites y gustos, lo cual dura sólo en la pretensión dellos; porque, en llegando cualquiera a ser poseedor, es juntamente descontento. El mundo, que a nuestro deseo sabe la condición para lisonjearla, pónese delante mudable y vario, porque la novedad y diferencia es el afeite con que más nos atrae. Con esto acaricia nuestros deseos, llévalos tras sí y ellos a nosotros. [42]

Observación, aprensión; pericia, ingenuidad; monitor, discípulo; exposición, reacción: ésta es la naturaleza binaria de las fases dialogales de *El Diablo Cojuelo*. A diferencia de las fases narrativas, donde el desarrollo y verificación de la acción se realizan simultáneamente, la exposición y verificación en las fases dialogales de los espacios virtuales que constituyen el mundo de la obra son distintos procesos secuenciales. Consisten en una fase expositiva en que las contingencias propuestas en las fases narrativas son elaboradas y analizadas por el Diablo Cojuelo o, en su ausencia, por el mesonero de la Sevillana en forma de relaciones epidícticas que en sí no necesitan corroboración, y en una fase aprensiva en que la vivencia de esas exposiciones se verifica por el estudiante y, en una ocasión, por Rufina María. Las fases expositivas se caracterizan por su copiosa soltura expresiva, que procede de la familiaridad del monitor con los fenómenos en cuestión. La reducida extensión de las fases aprensivas, en cambio, expresa la ingenuidad del discíplo; generalmente no pasa de una o dos observaciones cognoscitivas, o tal vez de un breve intercambio al fin de la lección, como el que vimos en el párrafo que precede. En todo caso, se ve que la antinomia fundamental de la situación dialéctica también se expresa estilísticamente en la textura del diálogo mismo.

Para concluir nuestra discusión de la exposición mixta de *El Diablo Cojuelo*, resta decir unas palabras finales sobre la

---

[42] *Los sueños*, ed. cit., II, 17-18.

estructuración de las fases que hemos señalado. La obra, como hemos visto, es un *miktón* —una *narratio* con *sermocinationes* intercaladas— desarrollado en el grado intermedio de directriz. Las alternantes fases narrativas y dialogales se distinguen fácilmente por su propio punto de vista y virtualidad lingüística. Las fases narrativas atañen al autor, quien se vale de la omnisciencia neutral para preparar la acción en el espacio y tiempo, avanzar y retardar el movimiento narrativo, y recapitular y verificar la acción. Las fases sermocinativas, o dialogales, en realidad son dos. La fase expositiva corresponde al personaje titular, quien, a guisa de monitor enseña y comenta las escenas del "teatro donde tantas figuras representan" a su discípulo, don Cleofás, quien a su vez corresponde a la fase aprensiva del diálogo. El punto de vista de las fases dialogales es complejamente omnisciente, múltiple, selectivo y lleno de paradoja. Los interlocutores están inmóviles ante los espacios virtuales que se les presentan; no pueden moverse en el espacio y tiempo sin la intercesión del narrador. Sin embargo, la visión de las fases expositivas es más comprensiva que la del narrador. Desde el punto de vista omnisciente editorial Asmodeo descubre los objetos en su totalidad como materia inteligible y no como duración, de manera que su percepción del mundo en cuanto espacio virtual es total, pero su comprensión de los procesos causales y efectivos del mundo es mínima. En cambio, la perspectiva efectiva de don Cleofás, mientras omnisciente por virtud de las exposiciones de su monitor, es muy reducida; se trata de la omnisciencia selectiva que se aproxima al modo dramático. Esto es, el estudiante comprende todas las exposiciones sobrenaturales del Diablo Cojuelo, pero sus reacciones son restringidas por sus propias capacidades intelectivas humanas.[43]

Se entreverá en esto un patrón secuencial que es consistente en la elaboración de *El Diablo Cojuelo*: descripción panorámica, seguida de exposición y análisis escénicos, asimismo seguidos de aprensión verificativa. Aunque la proporción funcional de estos procesos cambiará en el curso de la obra, el patrón fundamental de descripción, exposición y aprensión es inalterado. En los pri-

---

[43] Echo mano de la taxonomía de los puntos de vista narrativos propuesta por Norman Friedman en "Point of View in Fiction", *PMLA*, LXX (1955), 1160-1184.

meros cuatro trancos prevalece el diálogo. A partir del Tranco IV, donde la pareja se encuentra en situaciones más o menos empíricas, la narración se hace más evidente porque la yuxtaposición de lo cotidiano y lo sobrenatural exige más verificación circunstanciada para mantener la fábula en el modo satírico. Pero como quiera que sea la proporción entre *narratio* y *sermocinatio*, el proceso elaborativo es siempre el mismo: descripción panorámica, exposición y análisis escénicos, y aprensión verificativa.

RESUMEN Y CONCLUSIÓN

El Diablo Cojuelo, como una intencionada forma significativa, ha resistido obstinadamente a interpretarse cabalmente. Los esfuerzos de comprender su virtualidad a la luz de la picaresca dejan grandes trechos sin comento. Asimismo, verlo como esperpento descubre mucho acerca de su técnica ornamental y caricaturesca y la visión que ésta expresa, pero no resuelve las fundamentales consideraciones de la estructuración y funcionamiento interno de sus partes constitutivas. La razón de estas deficiencias, creo, es el que hasta el momento los comentaristas se han aproximado a la obra presuponiendo que se trata de una novela, idea que trae consigo una plétora de expectativas que faltan mucho para cuadrar sus mecanismos y efectos. De hecho, su propósito, su tema, sus personajes y su estilo carecen de la unidad que normalmente se espera de la buena prosa novelística. Con el propósito de sondear y resolver estas cuestiones y mejor comprender la virtualidad de la obra, hemos procurado enfocar *El Diablo Cojuelo* desde un nuevo punto de vista, partiendo de la idea de que pertenece a otro género de la ficción en prosa, la anatomía, cuyos preceptos y funcionamiento son completamente diferentes de los de la novela. Considerado así, aquellos aspectos del libro que han solido verse como defectos son precisamente los rasgos distintivos del género anatomístico. A mi juicio, nuestros análisis y contrastes han certificado esta hipótesis y manifiestan cómo la anatomía, en cuanto ejemplificada por *El Diablo Cojuelo,* difiere de raíz de la novela, y cómo ella, la anatomía, crea una experiencia que es única entre los varios géneros de la ficción en prosa. Además, han revelado, en más de una ocasión por primera vez, las vivencias y fuentes de inspiración que tuvieron consecuencias en la gestación de la obra.

RESUMEN Y CONCLUSIÓN

A lo largo de este tratado hemos fundamentado nuestro concepto del género literario en dos nociones: la disposición de los elementos constitutivos de la forma significativa, en una palabra, la estructura; y, segundo, la función ontológica del lenguaje dentro de la armazón de esta estructura. Estos criterios, reconocidamente opinables, se han prestado muy bien a nuestros propósitos. Respecto al primero, hemos visto que *El Diablo Cojuelo* se trata de una exposición mixta constituida de intermitentes fases de narración de la proposición —la huida del Diablo Cojuelo y don Cleofás— y exposición del mundo mediante los coloquios de los protagonistas. Las fases dialogales en su mayor parte consisten en enumeraciones epidícticas con las que se presenta una multiplicidad de sectores espaciales y sociales, tanto empíricos como novelescos, y una miscelánea de tópicos, motivos y estilos literarios y retóricos que expresan la vivencia de aquellos sectores. De este modo el libro anatomiza los estratos representativos de la realidad del mundo en torno, desde la familia real hasta el peldaño más bajo de la picardía sevillana. Además, anatomiza las principales corrientes literarias de la época: la sátira visionaria a lo Quevedo, el realismo cervantino, la alegoría a lo Gracián, la picaresca, la literatura cortesana, etc., lo cual hace que el libro parezca un catálogo literario, sin ninguna unidad estilística. No parece haber consistencia ni en la trama ni en el estilo. Pero si consideramos las diversas secuencias enumerativas y estilos como unidades anatomísticas cuyo interés no es anecdótico, sino más bien expositivo, se aprehenden una consistencia e integridad estructurales perfectamente adecuadas al verdadero objetivo de esta forma significativa, que es rendir una visión total de la España histórica y vivencial de hacia los años 1635-1640.

Respecto a la función ontológica del lenguaje, el enciclopedismo, la exposición dialéctica y la extremada variedad estilística responden, en mayor o menor grado, a una orientación e impulso que son fundamentalmente orales. *El Diablo Cojuelo* evoca una visión heterogénea y múltiple del mundo, la que es posible gracias a su naturaleza de *discurso*, término muy significativo que Vélez usa más de una vez para definir su narración. En *El Diablo Cojuelo*, lo mismo que en la gran mayoría de las obras anatomísticas, el discurso se caracteriza por un desdoblamiento entre fases narrativas y fases sermocinativas, o dialogales, las cuales aportan su función especial en la realización del conjunto y se distinguen por su voz narradora particular y por su propia virtualidad lingüística. Las fases dialogales en realidad consisten en dos: una fase expositiva en que las contingencias propuestas en las fases narrativas son elaboradas y analizadas en forma de relaciones epidícticas que en sí no necesitan corroboración; y una fase aprensiva en que la vivencia de estas exposiciones es verificada. Las fases expositivas se caracterizan por su copiosa soltura expresiva, la cual procede de la familiaridad del monitor, el Diablo Cojuelo, con los fenómenos en cuestión. La reducida extensión de las fases aprensivas, en cambio, expresa la ingenuidad del receptor, el estudiante don Cleofás; generalmente no pasan de una o dos observaciones cognoscitivas. La alternancia de las fases narrativas, expositivas y aprensivas suministra una visión total del mundo porque lo pone en el cruce de tres perspectivas: una, la narrativa, es panorámica y descriptiva; otra, la expositiva, es escénica y analítica; y la última, que es la perspectiva aprensiva, es verificativa. Cada una de estas perspectivas, fijas y en sí virtuales, expresa su propia postura intelectual frente a los sectores sociales, espaciales y estilísticos, los cuales se presentan como ideas o pseudo-ideas, y son las unidades anatomísticas fundamentales. En la novela estas perspectivas funcionales son mucho más complejas en el sentido de que se reúnen en una sola perspectiva básica, la de la voz narradora, que expresa, aprovechándose únicamente del medio impreso, posturas vivenciales frente a los objetos y situaciones que se le presentan en el curso de su búsqueda de valores auténticos. Estas, pues, son las diferencias esenciales entre la anatomía y la novela, y las razones por las cuales *El Diablo Cojuelo* crea una experiencia distinta de la que suele producir la prosa novelística. Novela: lenguaje orientado al medio impreso; postura vivencial ante el mundo, lo cual quiere decir que la actuación del narrador es dinámica y su virtualidad depende de la presencia atenta del lector. Anatomía: lenguaje cuya orientación ontológica es básicamente oral; postura intelectual ante el mundo, de modo que interesa sobremanera la relación entre el narrador y el mundo narrado a través de los interlocutores, sin que la virtualidad de la exposición de ese mundo incumba al lector mantenerse atentamente dispuesto a la narración.

En conclusión, cabe preguntarse, ¿qué es la suma de los fenómenos que hemos examinado? ¿Qué significa esta forma significativa? Como respuesta, podríamos decir lo siguiente.

En *El Diablo Cojuelo* Luis Vélez de Guevara se aprovechó de la tradición de la sátira lucianesca para hacer una manera de confesión o manifiesto personal en que se desentendió de las realidades externas de su mundo en torno para dar expresión a sus sentimientos ante su mundo notado, esto es, ante el mundo tal como él lo había vivido. A diferencia de su teatro, en donde siempre se acomodó al repertorio colectivo del Arte Nuevo, su prosa revela un temperamento racionalista, contemplativo, y hasta rebelde. Bajo las polaridades estructurales y contrahechuras burlescas con que representó ese mundo deben de encubrirse afirmaciones de amargura y desengaño personal. Por esto, y por el apego interesado con que Vélez trató a la clase noble, cabría decir que *El Diablo Cojuelo* es una auto-exégesis, la expresión artística, escrita en la vejez, de un hombre transido por sentimientos de luminosa esperanza en su vida pública y de amarga, hasta desesperada melancolía personal que no tenía otro respiradero para sus aspiraciones, angustias y juicios sino disimulada en una exposición tal como ésta, con sus rápidas enumeraciones y retruécano constante. El libro hoy se lee divertidamente en los ratos de solaz, pero, como hemos visto, se trata de una anatomía de la vivencia de las realidades sociales y literarias que proveyeron su inspiración y material.

BIBLIOGRAFÍA

Adler, Cyrus, et al., eds. *The Jewish Encyclopedia*. New York-London, 1902.
Alborg, Juan Luis. *Historia de la literatura española*. 2 vols. Madrid, 1967.
Alemán, Mateo. *Guzmán de Alfarache*, ed. Samuel Gili y Gaya. Clásicos Castellanos, 73, 83, 90, 93, 114. Madrid, 1962.
Aubrun, Charles V. "*El Diablo Cojuelo* et *Le diable boiteux*: Deux définitions du roman", *Mélanges à la mémoire de Jean Sarrailh*. Paris, 1966, I, 57-73.
Bachelard, Gaston. *El aire y los sueños: Ensayo sobre la imaginación del movimiento*, tr. Ernestina de Champourcin. México, 1958.
Barthes, Roland. *Le degré zéro de l'écriture*. Paris, 1964.
———. *Elementos de la semiología*, tr. Alberto Méndez, segunda ed., *Comunicación*, Serie B, 6. Madrid, 1971.
Beardsley, Theodore S., Jr. *Hispano-Classical Translations Printed between 1482 and 1699*. Pittsburgh, 1970.
Bell, Aubrey F. G. *Luis de León: A Study of the Spanish Renaissance*. Oxford, 1925.
Bellinger, Alfred R. "Lucian's Dramatic Technique", *Yale Classical Studies*, I (1928), 3-40.
Blanco Aguinaga, Carlos. "Cervantes y la picaresca: Notas sobre dos tipos de realismo", *Nueva Revista de Filología Hispánica*, XI (1957), 313-342.
Browne, Robert M. "The Typology of Literary Signs", *College English*, XXXIII (1971), 1-17.
Bühler, Karl. *Teoría del lenguaje*, tr. Julián Marías. Madrid, 1968.
Calderón de la Barca, Pedro y Juan de Zabaleta. *Troya abrasada*, ed. George T. Northrup en *Revue Hispanique*, XXIX (1913), 195-346.
Cascales, Francisco. TABLAS / POETICAS, / DEL LICENCIADO / Francisco Cascales. / *Dirigidas al Excelentissimo Señor don Francisco / de Castro, Conde de Castro, Duque de Taurisano, / Virrey, y Capitan general del / Reyno de Sicilia. / ... / En Murcia, Por Luis Beros,* Año de / M.DC.XVII.
Castro, Américo. *Cervantes y los casticismos españoles*. Madrid-Barcelona, 1966.
———. *De la edad conflictiva*, segunda ed. Madrid, 1963.
———. *Los españoles: Cómo llegaron a serlo*. Madrid, 1965.
———. "Noruega, símbolo de la oscuridad", *Revista de Filología Española*, VI (1919), 184-186.
———. "Prólogo" a Tirso de Molina. *Comedias*. Clásicos Castellanos, 2. Madrid, 1963.

Castro, Américo y Hugo A. Rennert. *Vida de Lope de Vega*, segunda ed. Salamanca, 1968.
Castro Alonso, Carlos A. *Didáctica de la literatura*. Madrid, 1969.
Cavendish, Richard. *The Black Arts*. New York, 1968.
Cervantes, Miguel de. *Don Quijote de la Mancha*, ed. Francisco Rodríguez Marín. Clásicos Castellanos, 4. 6, 8, 10, 13, 16, 19, 22. Madrid, 1964.
―――. *Novelas ejemplares*, ed. Francisco Rodríguez Marín. Clásicos Castellanos, 27 y 36. Madrid, 1966.
Círculo Lingüístico de Praga. *Tesis de 1929*, tr. María Inés Chamorro, *Comunicación*, Serie B, 9. Madrid, 1970.
Cirot, Georges. "A propos du *Diablo Cojuelo* aperçus de stylistique comparée", *Bulletin Hispanique*, XLVI (1944), 240-251.
―――. "Le procédé dans *El Diablo Cojuelo*", *Bulletin Hispanique*, XIV (1943), 69-72.
―――. "Le style de Vélez de Guevara", *Bulletin Hispanique*, XLIV (1942), 175-180.
Ciruelo, Pedro. *Reprobación de las supersticiones y hechicerías*, intro. Francisco Tolsada. Madrid, 1952.
Clarke, M. L. *Rhetoric at Rome: A Historical Survey*. London, 1953.
Cotarelo y Mori, Emilio. "Luis Vélez de Guevara y sus obras dramáticas", *Boletín de la Real Academia Española*, III (1916), 621-652; IV (1917), 131-171, 269-308, 414-444.
Cros, Edmond. *Protée et le gueux: Recherches sur les origines et la nature du récit picaresque dans Guzmán de Alfarache*. Paris, 1967.
Duff, J. Wight. *Roman Satire: Its Outlook on Life*. Berkeley, 1936; reimpresión Hamden, Connecticut, 1964.
Enríquez de Zúñiga, Juan. *Amor con vista*. Madrid, 1625.
Entrambasaguas, Joaquín de. *Estudios sobre Lope de Vega*. 3 vols. Madrid, 1946.
―――. "Un olvidado poema de Vélez de Guevara", *Revista de Bibliografía Nacional*, II (1941), 91-176.
―――. "Un tricentenario: Haz y envés de Luis Vélez de Guevara", *Atenea*, XCVI (1950), 188-203.
Espinel, Vicente. *Vida de Marcos de Obregón*, ed. Samuel Gili Gaya. Clásicos Castellanos, 43 y 51. Madrid, 1959.
Fernández de Ribera, Rodrigo. *Antoios de meior vista*, segunda ed. Madrid, 1871.
―――. *El mesón del mundo*, ed. Carlos Petit Caro. Sevilla, 1946.
Forster, E. M. *Aspects of the Novel*. New York, 1954.
Fränger, Wilhelm. *The Millennium of Hieronymus Bosch: Outlines of a New Interpretation*, tr. Eithne Wilkins y Ernst Kaiser. London, 1952.
Friedman, Norman. "Point of View in Fiction", *PMLA*, LXX (1955), 1160-1184.
Frye, Northrop. *Anatomy of Criticism: Four Essays*. Princeton, 1957; séptima reimpresión New York, 1968.
Gerding, Jess Lee. "Spanish Travel Fiction in the *Siglo de Oro*", tesis inédita. Texas, 1957.
Gili Gaya, Samuel. "Apogeo y desintegración de la novela picaresca", *Historia general de las literaturas hispánicas*, Guillermo Díaz Plaja, ed., intro. Ramón Menéndez Pidal. Barcelona, 1953; reimpresión, 1968, III, i-xxv.

Gnosopho, Christophoro [pseud.]. *El Crotalón* en Marcelino Menéndez Pelayo, *Orígenes de la novela*. Vol. II. NBAE, 7. Madrid, 1905-1915.

Goldmann, Lucien. *Pour une sociologie du roman.* Paris, 1964.

Gómez Ocerín, José. "Un soneto inédito de Luis Vélez", *Revista de Filología Española*, III (1916), 69-72.

Goodman, Paul. *The Structure of Literature.* Chicago, 1954; reimpresión 1968.

Green, Otis H. *Spain and the Western Tradition.* 4 vols. Madison, 1963-1966.

Guillén, Claudio. "La disposición temporal del *Lazarillo de Tormes*", *Hispanic Review*, XXV (1957), 264-279.

———. "Luis Sánchez, Ginés de Pasamonte y los inventores del género picaresco", *Homenaje a Rodríguez-Moñino.* Madrid, 1968, I, 221-231.

———. "Toward a Definition of the Picaresque", *Proceedings of the IIIrd Congress of the International Comparative Literature Association.* The Hague, 1962, págs. 252-266.

Hall, Frederic T. *The Pedigree of the Devil.* London, 1883.

Hatzfeld, Helmut. *El "Quijote" como obra de arte del lenguaje*, segunda ed., *Revista de Filología Española*, Anejo 83. Madrid, 1966.

Hauser, Arnold. *Mannerism: The Crisis of the Renaissance and the Origin of Modern Art.* 2 vols. New York, 1965.

———. *The Social History of Art.* 4 vols. New York, s. a.

H[errero] G[arcía], M[iguel]. "Una fuente de 'El Diablo Cojuelo'", *Correo Erudito* (1941), pág. 93.

———. "Nueva interpretación de la novela picaresca", *Revista de Filología Española*, XXIV (1937), 343-362.

Hodgart, Matthew. *Satire.* New York-Toronto, 1969.

Howard, Clare. *English Travellers of the Renaissance.* New York, 1914; reimpresión 1968.

Jakobson, Roman. "Quest for the Essence of Language", *Diogenes*, LI (1965), 21-37.

Kayser, Wolfgang. *The Grotesque in Art and Literature*, tr. Ulrich Wiesstein. New York-Toronto, 1966.

———. *Interpretación y análisis de la obra literaria*, versión española de María D. Mouton y V. García Yebra, cuarta ed. revisada. Madrid, 1961.

———. "Origen y crisis de la novela moderna", *Cultura Universitaria*, XLVII (Caracas, 1955), 5-50.

Langer, Suzanne K. *Feeling and Form: A Theory of Art Developed from 'Philosophy in a New Key'.* New York, 1953.

Laurenti, Joseph L. *Ensayo de una bibliografía de la novela picaresca española. Años 1554-1964.* Madrid, 1968.

———. *Estudios sobre la novela picaresca española.* Madrid, 1970.

Lausberg, Heinrich. *Manual de retórica literaria: Fundamentos de una ciencia de la literatura*, tr. José Pérez Riesco. 3 vols. Madrid, 1967.

Lázaro Carreter, Fernando. *"Lazarillo de Tormes" en la picaresca.* Barcelona, 1972.

León, Luis de. *Exposición del libro de Job* en *Obras completas.* BAE, 37. Madrid, 1872.

Lewis, Wyndham. *Time and Western Man.* Boston, 1957.

Liñán y Verdugo, Antonio. *Guía y avisos de forasteros que vienen a la Corte.* Madrid, 1923.

López Pinciano, Alonso. *Philosophia Antigua Poetica*, ed. Alfredo Carballo Picazo. 3 vols. Madrid, 1953.
Luciano. *Diálogos morales*, tr. Francisco de Herrera Maldonado. Madrid, 1621.
Lutwack, Leonard. "Mixed and Uniform Prose Styles in the Novel", *Journal of Aesthetics and Art Criticism*, XVIII (1960), 350-357.
Maldonado de Guevara, F. "El tiempo y sus secuencias estéticas", *Revista de Ideas Estéticas*, XXVI (1968), 3-24.
Marcuse, Herbert. *Eros and Civilization: A Philosophical Inquiry into Freud*. New York, 1962.
Marlowe, Christopher. *The Complete Plays of Christopher Marlowe*, ed. Irving Ribner. New York, 1963.
M'Clintock, John y James Strong, eds. "Asmodeus", *Cyclopedia of Biblical, Theological and Ecclesiastical Literature*. New York, 1857, I, 472.
McCrary, William C. " 'Fuenteovejuna': Its Platonic Vision and Execution", *Studies in Philology*, LVIII (1961), 179-192.
McLuhan, Marshall. "The Effect of the Printed Book on Language in the 16th Century", *Explorations in Communications*, Edmund Carpenter y Marshall McLuhan, eds. Boston, 1960, págs. 125-135.
Menéndez y Pelayo, Marcelino. *Orígenes de la novela*, segunda ed. 4 vols. Madrid, 1962.
Menéndez Pidal, Ramón. "Lope de Vega: El arte nuevo y la nueva biografía", *De Cervantes y Lope de Vega*, sexta ed. Madrid, 1964, págs. 69-144.
Miller, Stuart. *The Picaresque Novel*. Cleveland, 1957.
Monte, Alberto del. *Itinerario del romanzo picaresco spagnolo*. Firenze, 1957.
Montesinos, José F. "Gracián o la picaresca pura", *Ensayos de literatura española*, Joseph H. Silverman, ed. México, 1959, págs. 132-145.
Mudrick, Marvin. "Character and Event in Fiction", *Yale Review*, I (1960), 202-218.
Muñoz Cortés, Manuel. "Aspectos estilísticos de Vélez de Guevara en su *Diablo Cojuelo*", *Revista de Filología Española*, XXVII (1943), 48-76.
Nathan, Robert. "The Paradox of Fantasy", *The Quest for Truth*, Martha Boaz, ed. New York, 1961, págs. 79-87.
Navarra, Pedro de. DIALOGOS / DELA DIFFERENCIA / DEL HABLAR AL ESCREVIR, / (MATERIA HARTO SOTIL Y NOTA- / BLE) DICTADOS POR EL ILLUSTRISSIMO / Y Reurendissimo Señor Don Pedro de Nauar- / ro... / TOLOSA / En casa de Iacobo Colmerio, Impressor / dela Vniuersidad. / [c. 1560], ed. D. O. Chambers. s. l., 1968.
Nercasseau y Morán, Manuel A. *Discursos leídos ante la Academia Chilena correspondiente de la Real Academia Española en la recepción pública del señor don Manuel Nercasseau y Morán, el día 21 de noviembre de 1915*. Santiago de Chile, 1915.
Olmedo, Félix G., S. I. *Las fuentes de "La vida es sueño": La idea, el cuento, el drama*. Madrid, 1928.
Papini, Giovanni. *The Devil*, tr. Adrienne Foulke. London, 1955.
Parker, A. A. *Literature and the Delinquent: The Picaresque Novel in Spain and Europe, 1599-1753*. Edinburgh, 1967.
Paz y Meliá, Antonio "Nuevos datos para la vida de Luis Vélez de Guevara", *Revista de Archivos, Bibliotecas y Museos*, VII (1902), 129-130.
Peale, C. George. "La sátira y sus principios organizadores", *Prohemio*, IV, 1-2 (1973), 189-210.

Pérez, Louis C. y F. Sánchez Escribano. *Afirmaciones de Lope de Vega sobre preceptiva dramática*. Revista de Literatura, Anejo 17. Madrid, 1961.
Pérez y González, Felipe. *El Diablo Cojuelo. Notas y comentarios a un "Comentario" y unas "Notas": Nuevos datos para la vida de Luis Vélez de Guevara*. Madrid, 1903.
Piedrabuena, Antolínez de [pseud.]. *Universidad de amor*. Madrid, 1636.
Pineda, Juan de. *Diálogos familiares de la Agricultura Cristiana*, ed. P. Juan Meseguer Fernández. 5 vols. BAE, 161-163, 169-170. Madrid, 1963-1964.
Polo de Medina, Salvador Jacinto. *Hospital de incurables y viaje de este mundo y del otro* en *Obras escogidas*, ed. José María de Cossío. Madrid, 1931, págs. 281-318.
Profeti, Maria Grazia. "Note critiche sull' opera di Vélez de Guevara", *Miscellanea di studi ispanici*, X (1965), 46-147.
Quevedo, Francisco de. *Obras satíricas y festivas*, ed. José M. Salaverría. Clásicos Castellanos, 56. Madrid, 1964.
———. *Los sueños*, ed. Julio Cejador y Frauca. Clásicos Castellanos, 31 y 34. Madrid, 1967.
———. *Vida del Buscón*, ed. Américo Castro. Clásicos Castellanos, 5. Madrid, 1965.
Randolph, Mary Claire. "The Structural Design of the Formal Verse Satire", *Philological Quarterly*, XXI (1942), 368-384.
Real Academia Española. *Diccionario de Autoridades*, ed. facsímil. Madrid, 1963.
Rennert, Hugo A. Véase Américo Castro.
Reyes, Alfonso. *Apuntes para la teoría literaria* en *Obras completas*, vol. XV. México, 1963.
Ricapito, Joseph. "Toward a Definition of the Picaresque: A Study of the Evolution of the Genre together with a Critical and Annotated Bibliography of *La vida de Lazarillo de Tormes*, *Vida de Guzmán de Alfarache* and *Vida del Buscón*", tesis inédita. U.C.L.A., 1966.
Rico, Francisco. "Introducción" a *La novela picaresca española*, I. Barcelona, 1967.
———. *La novela picaresca y el punto de vista*. Barcelona, 1970.
Robertson, D. W., Jr. *A Preface to Chaucer: Studies in Medieval Perspectives*. Princeton, 1962.
Rodríguez Marín, Francisco. "Cinco poesías autobiográficas de Luis Vélez de Guevara", *Revista de Archivos, Bibliotecas y Museos*, XIX (1908), 62-78.
Rojas, Agustín de. *El viaje entretenido*, ed. Jean Pierre Ressot. Clásicos Castalia, 44. Madrid, 1972.
Ruch, Michel. *Le préambule dans les oeuvres philosophiques de Cicerón: Essai sur la genèse et l'art du dialogue*. Publications de la Faculté de Strasbourg, 136. Paris, 1958.
Rudwin, Maximilian. *The Devil in Legend and Literature*. Chicago, 1931.
Salas Barbadillo, Alonso Jerónimo de. *La corrección de vicios*, ed. Emilio Cotarelo y Mori. Madrid, 1907.
Sánchez, José. *Academias literarias del Siglo de Oro español*. Madrid, 1961.
Sánchez Escribano, F. Véase Louis C. Pérez.

Shklovsky, Victor. "El arte como artificio" en *Teoría de la literatura de los formalistas rusos,* Tzvetan Todorov, ed., tr. de Ana María Nethol. Buenos Aires, 1970.
Sigüenza, Fr. José de. *Historia de la Orden de San Jerónimo,* ed. Juan Catalina García. NBAE, 2 vols. Madrid, 1909.
Stevick, Philip. "Novel and Anatomy: Notes toward an Amplification of Frye", *Criticism,* X, 3 (1968), 153-165.
Strong, James. Véase John M'Clintock.
Swift, Jonathan. *Gulliver's Travels,* ed. Robert A. Greenberg. New York, 1961.
Turia, Ricardo del. *Apologética de las comedias españolas,* ed. Ramón Mesonero Romanos. BAE, 43. Madrid, 1951.
Valbuena Prat, Ángel. *Historia de la literatura española,* séptima ed. 3 vols. Barcelona, 1964.
Valle-Inclán, Ramón del. *Luces de Bohemia,* segunda ed. Madrid, 1968.
Vega Carpio, Lope de. *La Arcadia,* ed. Cayetano Rosell. BAE, 38. Madrid, 1836.
Vélez de Guevara, Luis. *El Diablo Cojuelo,* reproducción de la ed. príncipe de Madrid, 1641 por Adolfo Bonilla y San Martín. Vigo, 1902.
———. ed. Adolfo Bonilla y San Martín. Sociedad de Bibliófilos Madrileños, 2. Madrid, 1910.
———. ed. Enrique R. Cepeda y Enrique Rull. Madrid, 1968.
———. ed. Inmaculada Ferrer, prólogo de Francisco Rico. Madrid, 1970.
———. ed. Francisco Rodríguez Marín. Clásicos Castellanos, 38. Madrid, 1960.
———. *El embuste acreditado,* ed. Arnold G. Reichenberger. Granada, 1956.
———. *Los hijos de la barbuda* en *Dramáticos contemporáneos de Lope de Vega,* ed. Ramón Mesonero Romanos. BAE, 45. Madrid, 1958.
———. *La luna de la sierra* en *Dramáticos contemporáneos de Lope de Vega,* ed. Ramón Mesonero Romanos. BAE, 45. Madrid, 1958.
———. *Más pesa el rey que la sangre* en *Dramáticos contemporáneos de Lope de Vega,* ed. Ramón Mesonero Romanos. BAE, 45. Madrid, 1958.
———. *La niña de Gómez Arias,* ed. Ramón Rozzell. Granada, 1956.
———. *Los novios de Hornachuelos,* ed. John M. Hill en *Revue Hispanique,* LIX (1923), 105-295.
———. *El ollero de Ocaña* en *Dramáticos contemporáneos de Lope de Vega,* ed. Ramón Mesonero Romanos, BAE, 45. Madrid, 1958.
———. *Reinar después de morir* y *El diablo está en Cantillana,* ed. Manuel Muñoz Cortés. Clásicos Castellanos, 132. Madrid, 1949.
———. *La serrana de la Vera,* ed. Ramón Menéndez Pidal y María Goyri de Menéndez Pidal. Teatro Antiguo Español, 1. Madrid, 1916.
———. ed. Enrique Rodríguez Cepeda. Madrid, 1967.
Watt, Ian. *The Rise of the Novel: Studies in Defoe, Richardson and Fielding.* Berkeley-Los Ángeles, 1967.
Warren, Austin. Véase René Wellek.
Weinrich, Harald. *Estructura y función de los tiempos en el lenguaje,* versión española de Federico Latorre. Madrid, 1968.
Wellek, René y Austin Warren. *Teoría literaria,* tr. José María Gimeno, prólogo de Dámaso Alonso, cuarta ed. Madrid, 1966.
Wildridge, T. Tindall. *The Grotesque in Church Art.* London, 1899; reimpresión Detroit, 1969.
Zabaleta, Juan de. Véase Pedro Calderón de la Barca.

NORTH CAROLINA STUDIES IN THE ROMANCE LANGUAGES AND LITERATURES

I.S.B.N. Prefix 0-8078-

Recent Titles

THE ITALIAN VERB. A MORPHOLOGICAL STUDY, by Frede Jensen. 1971. (No. 107). *-907-3.*
A CRITICAL EDITION OF THE OLD PROVENÇAL EPIC "DAUREL ET BETON," WITH NOTES AND PROLEGOMENA, by Arthur S. Kimmel. 1971. (No. 108). *-908-1.*
FRANCISCO RODRIGUES LOBO: DIALOGUE AND COURTLY LORE IN RENAISSANCE PORTUGAL, by Richard A. Preto-Rodas. 1971. (No. 109). *909-X.*
RAIMOND VIDAL: POETRY AND PROSE, edited by W. H. W. Field. 1971. (No. 110). *-910-3.*
RELIGIOUS ELEMENTS IN THE SECULAR LYRICS OF THE TROUBADOURS, by Raymond Gay-Crosier. 1971. (No. 111). *-911-1.*
THE SIGNIFICANCE OF DIDEROT'S "ESSAI SUR LE MERITE ET LA VERTU," by Gordon B. Walters. 1971. (No. 112). *-912-X.*
PROPER NAMES IN THE LYRICS OF THE TROUBADOURS, by Frank M. Chambers. 1971. (No. 113). *-913-8.*
STUDIES IN HONOR OF MARIO A. PEI, edited by John Fisher and Paul A. Gaeng. 1971. (No. 114). *-914-6.*
DON MANUEL CAÑETE, CRONISTA LITERARIO DEL ROMANTICISMO Y DEL POS-ROMANTICISMO EN ESPAÑA, por Donald Allen Randolph. 1972. (No. 115). *-915-4.*
THE TEACHINGS OF SAINT LOUIS. A CRITICAL TEXT, by David O'Connell. 1972. (No. 116). *-916-2.*
HIGHER, HIDDEN ORDER: DESIGN AND MEANING IN THE ODES OF MALHERBE, by David Lee Rubin. 1972. (No. 117). *-917-0.*
JEAN DE LE MOTE "LE PARFAIT DU PAON," édition critique par Richard J. Carey. 1972. (No. 118). *-918-9.*
CAMUS' HELLENIC SOURCES, by Paul Archambault. 1972. (No. 119). *-919-7.*
FROM VULGAR LATIN TO OLD PROVENÇAL, by Frede Jensen. 1972. (No. 120). *-920-0.*
GOLDEN AGE DRAMA IN SPAIN: GENERAL CONSIDERATION AND UNUSUAL FEATURES, by Sturgis E. Leavitt. 1972. (No. 121). *-921-9.*
THE LEGEND OF THE "SIETE INFANTES DE LARA" (*Refundición toledana de la crónica de 1344* versión), study and edition by Thomas A. Lathrop. 1972. (No. 122). *-922-7.*
STRUCTURE AND IDEOLOGY IN BOIARDO'S "ORLANDO INNAMORATO," by Andrea di Tommaso. 1972. (No. 123). *-923-5.*
STUDIES IN HONOR OF ALFRED G. ENGSTROM, edited by Robert T. Cargo and Emmanuel J. Mickel, Jr. 1972. (No. 124). *-924-3.*
A CRITICAL EDITION WITH INTRODUCTION AND NOTES OF GIL VICENTE'S "FLORESTA DE ENGANOS," by Constantine Christopher Stathatos. 1972. (No. 125). *-925-1.*
LI ROMANS DE WITASSE LE MOINE. *Roman du treizième siècle.* Édité d'après le manuscrit, fonds français 1553, de la Bibliothèque Nationale, Paris, par Denis Joseph Conlon. 1972. (No. 126). *-926-X.*
EL CRONISTA PEDRO DE ESCAVIAS. *Una vida del Siglo XV,* por Juan Bautista Avalle-Arce. 1972. (No. 127). *-927-8.*
AN EDITION OF THE FIRST ITALIAN TRANSLATION OF THE "CELESTINA," by Kathleen V. Kish. 1973. (No. 128). *-928-6.*

When ordering please cite the *ISBN Prefix* plus the last four digits for each title.

Send orders to: University of North Carolina Press
　　　　　　　　　Chapel Hill
　　　　　　　　　North Carolina 27514
　　　　　　　　　U. S. A.

NORTH CAROLINA STUDIES IN THE ROMANCE LANGUAGES AND LITERATURES

I.S.B.N. Prefix 0-8078-

Recent Titles

MOLIÈRE MOCKED. THREE CONTEMPORARY HOSTILE COMEDIES: *Zélinde, Le portrait du peintre, Élomire Hypocondre,* by Frederick Wright Vogler. 1973. (No. 129). *-929-4.*

C.-A. SAINTE-BEUVE. *Chateaubriand et son groupe littéraire sous l'empire.* Index alphabétique et analytique établi par Lorin A. Uffenbeck. 1973. (No. 130). *-930-8.*

THE ORIGINS OF THE BAROQUE CONCEPT OF "PEREGRINATIO," by Juergen Hahn. 1973. (No. 131). *-931-6.*

THE "AUTO SACRAMENTAL" AND THE PARABLE IN SPANISH GOLDEN AGE LITERATURE, by Donald Thaddeus Dietz. 1973. (No. 132). *-932-4.*

FRANCISCO DE OSUNA AND THE SPIRIT OF THE LETTER, by Laura Calvert. 1973. (No. 133). *-933-2.*

ITINERARIO DI AMORE: DIALETTICA DI AMORE E MORTE NELLA VITA NUOVA, by Margherita de Bonfils Templer. 1973. (No. 134). *-934-0.*

L'IMAGINATION POETIQUE CHEZ DU BARTAS: ELEMENTS DE SENSIBILITE BAROQUE DANS LA "CREATION DU MONDE," by Bruno Braunrot. 1973. (No. 135). *-934-0.*

ARTUS DESIRE: PRIEST AND PAMPHLETEER OF THE SIXTEENTH CENTURY, by Frank S. Giese. 1973. (No. 136). *-936-7.*

JARDIN DE NOBLES DONZELLAS, FRAY MARTIN DE CORDOBA, by Harriet Goldberg. 1974. (No. 137). *-937-5.*

MYTHE ET PSYCHOLOGIE CHEZ MARIE DE FRANCE DANS "GUIGEMAR", par Antoinette Knapton. 1975. (No. 142). *-942-1.*

THE LYRIC POEMS OF JEHAN FROISSART: A CRITICAL EDITION, by Rob Roy McGregor, Jr. 1975. (No. 143). *-943-X.*

THE HISPANO-PORTUGUESE CANCIONERO OF THE HISPANIC SOCIETY OF AMERICA, by Arthur Askins. 1974. (No. 144). *-944-8.*

HISTORIA Y BIBLIOGRAFÍA DE LA CRÍTICA SOBRE EL "POEMA DE MÍO CID" (1750-1971), por Miguel Magnotta. 1976. (No. 145). *-945-6.*

LES ENCHANTEMENZ DE BRETAIGNE. AN EXTRACT FROM A THIRTEENTH CENTURY PROSE ROMANCE "LA SUITE DU MERLIN", edited by Patrick C. Smith. 1977. (No. 146). *0-8078-9146-0.*

THE DRAMATIC WORKS OF ÁLVARO CUBILLO DE ARAGÓN, by Shirley B. Whitaker. 1975. (No. 149). *-949-9.*

A CONCORDANCE TO THE "ROMAN DE LA ROSE" OF GUILLAUME DE LORRIS, by Joseph R. Danos. 1976. (No. 156). *0-88438-403-9.*

POETRY AND ANTIPOETRY: A STUDY OF SELECTED ASPECTS OF MAX JACOB'S POETIC STYLE, by Annette Thau. 1976. (No. 158). *-005-X.*

FRANCIS PETRARCH, SIX CENTURIES LATER, by Aldo Scaglione. 1975. (No. 159).

STYLE AND STRUCTURE IN GRACIÁN'S "EL CRITICÓN", by Marcia L. Welles, 1976. (No. 160). *-007-6.*

MOLIERE: TRADITIONS IN CRITICISM, by Laurence Romero. 1974 (Essays, No. 1). *-001-7.*

CHRÉTIEN'S JEWISH GRAIL. A NEW INVESTIGATION OF THE IMAGERY AND SIGNIFICANCE OF CHRÉTIEN DE TROYES'S GRAIL EPISODE BASED UPON MEDIEVAL HEBRAIC SOURCES, by Eugene J. Weinraub. 1976. (Essays, No. 2). *-002-5.*

STUDIES IN TIRSO, I, by Ruth Lee Kennedy. 1974. (Essays, No. 3). *-003-3.*

VOLTAIRE AND THE FRENCH ACADEMY, by Karlis Racevskis. 1975. (Essays, No. 4). *-004-1.*

When ordering please cite the *ISBN Prefix* plus the last four digits for each title.

Send orders to: University of North Carolina Press
  Chapel Hill
  North Carolina 27514
  U. S. A.

NORTH CAROLINA STUDIES IN THE ROMANCE LANGUAGES AND LITERATURES

I.S.B.N. Prefix 0-8078-

Recent Titles

THE NOVELS OF MME RICCOBONI, by Joan Hinde Stewart. 1976. (Essays, No. 8). *-008-4.*

FIRE AND ICE: THE POETRY OF XAVIER VILLAURRUTIA, by Merlin H. Forster. 1976. (Essays, No. 11). *-011-4.*

THE THEATER OF ARTHUR ADAMOV, by John J. McCann. 1975. (Essays, No. 13). *-013-0.*

AN ANATOMY OF POESIS: THE PROSE POEMS OF STÉPHANE MALLARMÉ, by Ursula Franklin. 1976. (Essays, No. 16). *-016-5.*

LAS MEMORIAS DE GONZALO FERNÁNDEZ DE OVIEDO, Vols. I and II, by Juan Bautista Avalle-Arce. 1974. (Texts, Textual Studies, and Translations, Nos. 1 and 2). *-401-2; 402-0.*

GIACOMO LEOPARDI: THE WAR OF THE MICE AND THE CRABS, translated, introduced and annotated by Ernesto G. Caserta. 1976. (Texts, Textual Studies, and Translations, No. 4). *-404-7.*

LUIS VÉLEZ DE GUEVARA: A CRITICAL BIBLIOGRAPHY, by Mary G. Hauer. 1975. (Texts, Textual Studies, and Translations, No. 5). *-405-5.*

UN TRÍPTICO DEL PERÚ VIRREINAL: "EL VIRREY AMAT, EL MARQUÉS DE SOTO FLORIDO Y LA PERRICHOLI". EL "DRAMA DE DOS PALANGANAS" Y SU CIRCUNSTANCIA, estudio preliminar, reedición y notas por Guillermo Lohmann Villena. 1976. (Texts, Textual Studies, and Translation, No. 15). *-415-2.*

LOS NARRADORES HISPANOAMERICANOS DE HOY, edited by Juan Bautista Avalle-Arce. 1973. (Symposia, No. 1). *-951-0.*

ESTUDIOS DE LITERATURA HISPANOAMERICANA EN HONOR A JOSÉ J. ARROM, edited by Andrew P. Debicki and Enrique Pupo-Walker. 1975. (Symposia, No. 2). *-952-9.*

MEDIEVAL MANUSCRIPTS AND TEXTUAL CRITICISM, edited by Christopher Kleinhenz. 1976. (Symposia, No. 4). *-954-5.*

SAMUEL BECKETT. THE ART OF RHETORIC, edited by Edouard Morot-Sir, Howard Harper, and Dougald McMillan III. 1976. (Symposia, No. 5). *-955-3.*

DELIE. CONCORDANCE, by Jerry Nash. 1976. 2 Volumes. (No. 174).

FIGURES OF REPETITION IN THE OLD PROVENÇAL LYRIC: A STUDY IN THE STYLE OF THE TROUBADOURS, by Nathaniel B. Smith. 1976. (No. 176). *0-8078-9176-2.*

A CRITICAL EDITION OF LE REGIME TRESUTILE ET TRESPROUFITABLE POUR CONSERVER ET GARDER LA SANTE DU CORPS HUMAIN, by Patricia Willett Cummins. 1977. (No. 177).

THE DRAMA OF SELF IN GUILLAUME APOLLINAIRE'S "ALCOOLS", by Richard Howard Stamelman. 1976. (No. 178). *0-8078-9178-9.*

A CRITICAL EDITION OF "LA PASSION NOSTRE SEIGNEUR" FROM MANUSCRIPT 1131 FROM THE BIBLIOTHEQUE SAINTE-GENEVIEVE, PARIS, by Edward J. Gallagher. 1976. (No. 179). *0-8078-9179-7.*

A QUANTITATIVE AND COMPARATIVE STUDY OF THE VOCALISM OF THE LATIN INSCRIPTIONS OF NORTH AFRICA, BRITAIN, DALMATIA, AND THE BALKANS, by Stephen William Omeltchenko. 1977. (No. 180). *0-8078-9180-0.*

OCTAVIEN DE SAINT-GELAIS "LE SEJOUR D'HONNEUR", edited by Joseph A. James. 1977. (No. 181). *0-8078-9181-9.*

THE LIFE AND WORKS OF LUIS CARLOS LÓPEZ, by Martha S. Bazic. 1977. (No. 183). *0-8078-9183-5.*

When ordering please cite the *ISBN Prefix* plus the last four digits for each title.

Send orders to: University of North Carolina Press
Chapel Hill
North Carolina 27514
U. S. A.

The Department of Romance Studies Digital Arts and Collaboration Lab at the University of North Carolina at Chapel Hill is proud to support the digitization of the North Carolina Studies in the Romance Languages and Literatures series.

www.ingramcontent.com/pod-product-compliance
Lightning Source LLC
Chambersburg PA
CBHW020418230426
43663CB00007BA/1226